这是一些语言和心灵的钻石
在时光的沉淀和洗礼中
变得更加璀璨夺目
阅读吧
让它们闪耀在你的精神世界

SCHOOL
EDITION
学生版

新课标经典名著

《庄子》故事

（战国）庄周 著

段亚青 改写

南京大学出版社

目录
CONTENTS

鲲鹏与学鸠

北海里有一条很大很大的鱼，名字叫鲲（kūn）。它的身体，有几千里那么长！这条鲲鱼会化身成一只能够展翅高飞的大鹏鸟，当它飞起来的时候，翅膀又像是天边的白云那样硕大。每到海水激荡、波浪翻腾的季节，大鹏鸟就会从它居住的北海起飞，迁徙到遥远的南海去。

蝉和小鸟学鸠看到了，都嘲笑它说："我们也会飞呀，但是飞到榆树和檀树上就停下来玩耍。有时飞不到树上，落在地上也挺好啊，何必非要飞到九万里外的南海那么辛苦呢？"小雀斥鷃（yàn）也嘲笑它说："你究竟要飞到哪里去呀？我腾跃起飞，飞不了几丈高就落下来，我觉得能在蓬蒿之间游戏，已经享受到飞翔中最高的乐趣了，还有什么不满足？还想要飞到哪里去呢？"这些小东西根本不了解大鹏鸟的远大志向。

如果一个人要步行到郊外去，他只要带三餐的粮食就可以了，而且回来的时候肚子仍然是饱的；如果是步行到百里以外的地方，就要准备一宿的粮食；如果是步行到千里以外的地方，就要预备三个月的粮食。这样的道理，又怎么会是这些目光短浅的小鸟所能知道的呢？

小智慧的人不能理解大智慧的人所明白的道理，寿命短的人不能理解寿命长的人所知晓的东西。就像朝生暮死的虫子，早上出生，傍晚就死去，它永远不会知道白天与黑夜的交替；就像寒蝉，春天出生，夏天就结束生命，它永远不会懂得春季与秋季的变换。

楚国南方有一种灵龟，五百年才算它的一个春季，五百年又算一个秋季；上古时代有一种大椿（chūn）树寿命就更长了，八千年才算作它的一个春季，八千年又算作一个秋季。可是对我们人类来说，寿命最长的彭祖，只活了八百岁，就让所有人羡慕不已了。和灵龟、大椿树比，我们难道不悲哀吗？我们所知道的东西，实在是太有限了！所有这些道理，都是为了告诉我们狭小和博大之间的区别。

《庄子·内篇·逍遥游》

尧让天下于许由

上古的皇帝尧想让隐士许由来替他治理天下，就对他说："太阳已经出来了，却仍然点起火把来照明，火把的光亮怎么能够和太阳的光芒比美呢？刚刚下了及时雨，土地已经饱受滋润了，却仍然要用人力去浇灌，不是太笨了吗？夫子啊！对老百姓来说，您就像那太阳的光芒，就像那久旱的甘霖一样，如果您能够成为天子，天下立刻就可以得到太平。我如果还占着这个位子不让，就太惭愧了，所以想要把天下交给您来治理。"

许由回答说："您已经把天下治理得很好了，而我还要多此一举来代替您，难道我活着仅仅是为了追求这种君王的地位和名声吗？鹪鹩（jiāo liáo）鸟在深林里筑巢，只要一根树枝就够了；鼹鼠到河里喝水，只要能喝到肚子饱就可以了。对我来说也一样，只要能够有一席之地生存足矣，又哪里需要天下呢？您回去吧，天下对我来说真的没有什么用处啊！我们两人职责不同，您就好像厨师，而我则像主祭人，厨师就算不尽职，主祭人也没必要越位而代替他去烹调食物，所以，您不要再说了，还是请回去吧。"

《庄子·内篇·逍遥游》

藐姑射山的神人

肩吾问连叔说："我听过接舆说话，他的话往往夸张得像银河那样无边无际，与常人所说的大相径庭，荒唐而不近人情，实在是让人惊骇！"

连叔问肩吾说："他说了什么呢？"

肩吾回答说："他说，'有一位神人住在藐姑射山上，他肌肤洁白，像冰雪一样，身姿柔美得如同少女，不吃五谷，吸风饮露，乘着云气，驾着飞龙，遨游于四海之外。他的神情凝聚，能够使万物不受灾害而五谷丰收。'我觉得他的话太过于虚妄不实，所以不相信他。"

连叔说："瞎子无法看到美丽的花纹，聋子无法听到悦耳的歌声，这是因为他们的身体上有残缺。然而只有身体才会有残缺吗？人的智慧同样也会有残缺啊！譬如你自己就是这样的人，所以才无法相信接舆的话。接舆所描述的那位神人，他的德行自然广大，已经能够与万物融合为一；所以才会有这么多神奇的能力，活得这样自在潇洒。世人期望他能治理天下，可他哪里还愿意管这种庸庸碌碌的俗事呢？这样的人，世界上已经没有任何事物能够伤害他，滔滔洪水淹不到他，炎炎干旱也不能让他感到炽热。光是他身上抖落的一点灰尘都足以成就尧舜二帝那样辉煌的功业了，他怎么还愿意去治理天下呢？"

《庄子·内篇·逍遥游》

无用的大葫芦

惠施对庄子说："魏王送了我一颗大葫芦的种子，我把它种下来，到了秋天，它结出的果实竟然有五石那么大，我好开心啊！可又一想，如果用它来盛水，它那么坚硬和沉重，真的很难让人举起来；如果把它剖开做瓢，它又大得让人不知道舀什么才好。哎，这葫芦虽然很大，然而我还是觉得它实在没什么用处，所以就把他打碎了。"

庄子听了，无奈地摇了摇头，说："你实在是不善于使用大的东西啊！还是让我来给你讲个故事吧！宋国有一个人，善于制造一种护手霜，因此，他家世世代代都以漂洗丝絮为职业。有一个人听说了这件事，便跟他说想要用一百两金子来买他这种护手霜的配方。于是，这个人便把全家召集起来商量说，'我们家世世代代都以漂洗丝絮为职业，得到的报酬也就只有几两金子，而现在，一旦我们卖出这个方子，就可以得到一百两的金子，要不就卖了吧，你们说呢？'经过全家表决，他最终将这个护手霜的方子卖了出去。

这个客人得到方子以后，便去游说吴王。后来有一年冬天，越国起兵攻打吴国，吴王派他率军和越国人水战。因为是冬天，双方士兵都害怕渡水，唯独他靠着这种护手霜，才治好了因渡水而手裂的士兵，最终轻而易举地打败了越国，于是吴王割地封赏了他。

护手霜的药方都是一样的，有的人用它得到了封赏，有的人却仅仅用它来漂洗丝絮，这是因为使用的方法有所不同呀。你现在有一个这么大的葫芦，为什么不把它当作小船，在江河湖海上自由自在地泛舟悠游，反而愁它太大没有用处呢？可见，你的心思还是茅塞不通啊！"

《庄子·内篇·逍遥游》

无用的大樗

惠施对庄子说："我有一棵大树，人们叫它樗（chū），它的树干上疙瘩盘曲而不规整，小枝弯弯曲曲而不合法度，生长在路边，连木匠都不屑于看它一眼。我想，或许它就像你现在所讲的话一样，只是一味地夸张却不够实用吧。"

庄子听了，说："你难道没有见过野猫和黄鼠狼吗？他们经常伏在地上，伺机猎取小动物，上蹿下跳，功夫很好。结果往往中了机关，死在陷阱里。与之相反，犛（lí）牛身体像天空垂下来的一块云那样大，却不能捉老鼠，可是他却能活得自在长久。小的用处容易给自己招来灾难和损伤。大的用处不容易被察觉，却暗藏着无穷的用途。现在你有这样的一棵大树，却愁它没有用处。你为什么不把他种到广漠的旷野里，你自己则快乐地在树旁游玩呢？悠然自得地躺在树下，让它为你遮风避雨，不是很好吗？况且，也正因为它在

一般人的眼中没有实际的用处，所以你既不用担心它被人砍伐，也不用担心会有什么东西来伤害它，这样，还有什么可忧愁的？还有什么可担心的啊？"

《庄子·内篇·逍遥游》

朝三暮四

　　有一个养猕猴的老翁，他每天要给他的猴子分配好吃的橡子。一天，他对众猕猴说："我早晨给你们三升橡子，晚上给你们四升橡子，你们觉得怎么样呢？"猴子们听了都非常生气，一起尖叫吵闹起来，声称这样绝对不行！老翁想了想，又对它们说："那么，我就早上给你们四升橡子，晚上给三升橡子，这样可以了吧？"猴子们听了都非常高兴，一个个都手舞足蹈起来。表面上看好像有区别，其实分配的橡子一模一样。老翁正是善于利用猴子的喜怒情绪变化，驯服了它们呀！

《庄子·内篇·齐物论》

尧欲伐宗、脍、胥敖

从前，尧帝问舜说："我想要去讨伐宗、脍（kuài）、胥敖这三个小国家，可是，每当临朝听政时心里又总是觉得不高兴，这究竟是为什么呢？"

舜听了回答："这三个小国，就像生活在蓬蒿艾草之间一样卑微，您却总是耿耿于怀，心神不宁，为什么呢？过去曾经有十个太阳同时出来，它们的光芒足以普照万物；太阳虽普照万物，却不需要万物属于它们。何况您崇高的德行已经远远超过了太阳的光亮，还有什么放心不下？难道还要多此一举，用讨伐和占有它们来证明自己的影响力吗？"

《庄子·内篇·齐物论》

啮缺问乎王倪

啮（niè）缺对王倪说："你知道天下万物有共同的标准吗？"

王倪说："我怎么会知道呢！"

啮缺说："你知道你为什么不知道吗？"

王倪说："我不知道啊！"

啮缺说："那么，对于天下万物就没有了解的办法了吗？"

王倪说："我也不知道啊！不过，我可以尝试着解说一下这其中的道理。我们都明白，人睡在潮湿的地方，腰部就容易患病或造成半身不遂，而泥鳅却不会这样；人居住在树上就会惊恐战栗，而猿猴却不会这样；人、猿猴、泥鳅，究竟应该以谁的居住为标准呢？人类吃家畜的肉，麋鹿吃美草，蜈蚣又觉得蛇的味道很甘美，猫头鹰和乌鸦却喜欢吃老

鼠，这四者，究竟谁才知道什么是真正可口的味道呢？毛嫱和西施，人们都认为她们美丽，但是鱼儿见了她们就要避到水底，鸟儿见了她们就要飞入高空，麋鹿见到她们就会急速逃跑，这四者，究竟谁懂得天下真正的美丽呢？因此，在我看来，仁义是非实在纷杂难懂，我怎么能知道它们之间的区别呢？"

啮缺说："就算你不知道事物的利害，难道真正通达大道的人也不知道吗？"王倪说："真正通达大道的人神妙极了，灌木焚烧不能使他们感到炎热，江河冰冻不能使他们感到寒冷，炸雷撼山与狂风激浪不能使他们感到惊恐。这样的人，驾着云气，乘着日月，在四海之外遨游，生死变化对他们都没什么影响，更何况是利与害这样的小事呢！"

《庄子·内篇·齐物论》

骊姬泣涕

　　骊姬是骊戎国艾地守封疆人的女儿，晋国刚刚得到她的时候，她哭得好伤心啊，泪水把整个衣襟都湿透了。等到后来她进了晋献公的王宫里，与君主同睡在舒适的大床上，天天都吃着美味的食物，她才后悔自己当初不应该那么伤心地哭泣。世界上许多事情不都是这样吗？就连我们最恐惧的死亡也不例外。人人都害怕死亡，祈求活在世上。可是我们怎么知道那些死去的人不会像骊姬那样，发现死亡并没有我们想象的那样可怕，而是一件很平常的事，是另一个新的开始呢？如果我们真的了解了死亡，懂得了死亡，或许也会后悔当初自己的贪生怕死吧！

《庄子·内篇·齐物论》

罔两问影

罔（wǎng）两问影子说："刚才你在走，现在你停下来；刚才你坐着，现在却又站起来，为什么你自己没有独立的意志呢？"

影子回答说："生命只是大自然伟大力量链条上的某个环节，我和我所依赖的东西都需有所依赖才存在。可是我的有所依赖是像你以为的那么可耻吗？我的有所依赖，就像蛇行有赖于腹下鳞皮，蝉飞有赖于翅膀，这些不是很正常的吗？蛇腹又赖于地，翅膀又赖于风。万事万物都是这样相生依存的啊，我只是安心地顺应它的规律罢了。"

《庄子·内篇·齐物论》

庄周梦蝶

　　一天夜晚，庄子做了一个梦。梦里他长出了一对翅膀，扇扇翅膀，竟飞起来了——他变成了一只蝴蝶，那感觉美妙极了。他飞舞在草丛中，沐浴阳光，吮吸甘露，与小玫瑰花嬉戏，向蜻蜓问候。后来庄子忽然惊醒，"天哪！我竟然是庄子！我明明是一只蝴蝶呀。"他想不明白了，咦，难道我本来是一只蝴蝶，在梦里变成庄子？不对不对，或许我本来是庄子，在梦里变成蝴蝶吧！到底是哪个呢？怎么感觉都一样？

《庄子·内篇·齐物论》

庖丁解牛

　　庖丁当了几十年的厨师了，梁惠王听说他擅长宰牛，就把他叫到跟前，让他分解牛的筋、骨、肉。庖丁挥刀向牛，时而用手紧紧握住牛角，时而肩膀倚靠牛身，时而膝盖抵住牛腿，刀一举一落，像个侠客一样潇洒利落，哗啦哗啦，转眼间将筋、骨、肉分割开了，每刀下去竟然都有自己的音律节奏，像音乐一样美。与其说庖丁在分解牛，不如说他在投入地演奏与舞蹈。

　　这把梁惠王也惊到了。"啊，太神啦，你这技术！怎么做到的啊？"庖丁把刀放在一边，说："嗨，技术不是最重要的。我的追求是超越技术。一开始解牛的时候，我看到的就跟大家一样，就是一整头牛。我慢慢琢磨，三年后，我就明白怎么按照牛的脉络去解了，我再未见过完整的牛了，在我眼里就是牛的脉络。现在我再解牛时，又不一样了，我对牛的感

018

觉，不靠眼睛看，不靠手去触碰，我通通不用这些去感知牛，这个时候，神奇的事情发生了！我的心就开始发挥作用了。而这个时候，我对牛的感知往往是最真切、最准确的。

我就顺着牛本身的纹理构造，那筋骨相连的空隙的地方，为我引刀留下了空间，只要我在这个空隙中用刀，又怎么会让刀撞到牛身上的大骨头呢？干我们这行的，一流厨师也得一年换一把刀，因为他们拿刀割牛身上的筋肉，时间长了把刀割坏了；二三流的厨师一个月就得换一把刀，他们总拿刀砍骨头，把刀给砍坏了。你再看我这把刀，用了十九年了，刀下的牛啊，也有几千头了，但我的刀刃还是像新磨出来似的。

想想看，牛骨之间是有间隙的，而我的刀刃特别薄，让这么薄的刀穿过有空隙的骨节，刀刃运转还有余地呢，所以我的刀虽然用了十九年了，但还是这么新，跟没用过似的。虽然顺着牛的构造走，但是吧，每当我遇到牛身上筋骨盘结的地方，那里着实不好下刀时，我还是非常谨慎小心，注意力全部集中，动作缓慢下来。最后"哗啦"一声，牛身骨肉豁然而解，像泥土落了一地。我提刀而立，环顾四周，悠然自得，将刀擦拭干净并且收藏起来。"

梁惠王："啊，好啊，你这番话启发了我！这解牛的道理，跟护养生命是一样的啊！"

《庄子·内篇·养生主》

公文轩见右师

公文轩见到右师，右师只有一只脚。公文轩很惊讶："你到底怎么了？你怎么只有一只脚？是天意，还是谁害你，或你自己不小心？"

右师说："何必大惊小怪啊，一只脚也好，三只脚也罢，都是自然而然的，老天造就了我这样一副形体，让我有一只脚，我就一只脚地去活，又有什么不好呢？你觉得两只脚比较好，他觉得三只脚更好，也许有人觉得浑身是脚最好，这些都只是人的想法罢了，我只按照天赋予我的形体去活。"

《庄子·内篇·养生主》

秦失吊老聃

老聃（dān）死了，他的好朋友秦失去吊唁（yàn）他，秦失对着老聃，"啊……啊……啊……"号泣三声，就走出来了。

他的小徒弟很惊讶，问秦失："老聃不是老师您的朋友吗？"

秦失回答说："是啊。"

弟子们说："那您就这样简单吊唁一下就可以了吗？"

秦失说："有什么不可以！我还以为这些人会继承老聃的作风呢！没想到都是俗人呐！我刚进去吊唁的时候看到，老人哭得好像自己孩子没了似的，那些年轻人，好像自己父母去世了一样。聚在一起哭成这个样子，必然有人会不由自主地说一些本不该说的话，也有一些本不该哭的人，被情绪感染也伤心悲痛。这就是违背常情。生死都是自然的事，难道生就该高兴，死就该避免吗？聚在一起哭天抢地，连这种道理也不顾了。

老聃这个人，该出生的时候，自然出生，如今离去，也是自然而然。一朵花，难道不是这样开落吗？一只小虫，难道不是这样来去吗？老聃这个人啊，就像花朵小虫一样，不把生死放在心里，生死又怎么能让他开心或者难受呢？这多自由啊，又何必沉浸痛苦里想不开呢？"

《庄子·内篇·养生主》

颜回请行

孔子有个弟子叫颜回，他是大家公认的好品质青年。这一天，他跑到孔子家，跟孔子说："老师老师，我要走了，来跟您告别。"

孔子："你要去哪?"

颜回："我要去卫国。"

孔子不明白，问："到卫国去干吗?"

颜回激动地说："您没听说卫国的事吗? 卫国国君很让人气愤! 总是不拿人民当回事，死亡的百姓堆满山泽，就好像草芥填满水坑，真是可怜啊。老师教导过我，哪里有危难，就去哪里! 我这次要拼尽全力，帮助卫国! 老师，学生告辞!"

孔子瞥了他一眼："回来! 瞎折腾什么，你现在去卫国不是去送死吗! 像你这样想法满天飞、心境跟火车站一样乱，能救谁啊？没跟你说过吗，先完善自己，再去周济别人。你现在自己都不能搞定，怎么可能去跟暴君打交道？

　　你坐下来，我慢慢跟你说。我了解你，你啊，是个厚道的实诚孩子，但你方正得比木头还方，个性又那么偏，又不通人情世故，你没上过电视，也没上过报纸，一点知名度都没有。卫国人知道你是谁、来干吗的呀？你去了卫国那是个什么画面，我都不敢想……你突然跑到卫国给国君讲大道理，要教育人家，把你这套仁义道德搬出来，让人家国君显得很缺德，让人下不来台，你这不是过去送死吗?"颜回琢磨着，老师有道理啊，就起身回去了。

　　第二天，颜回又跑到孔子家，进门便说："老师老师，我要走了，来跟您告别。"

　　孔子："你又要去哪?"

　　颜回："我还是要去卫国。"

　　孔子："既然你还是想去，说明你可能是想好了自己的一套方法，不妨说来听听。"

　　颜回："我内心还是坚持自己的，然后其他礼仪上，跟大家一样，对国君三叩九拜，学着察言观色，规规矩矩的，和大家和谐共处，这样大家也不会为难我。我能说得上话的时候，就引古代圣贤的话，这话古代就有，又不是我造的，也就不出差错了。我一边坚持了自己，一边还能在官场不招人烦，这不就行了吗?"

孔子："傻孩子，这顶多能保全自己，不被人抓到把柄罢了，哪能谈得上感化国君呢?"

颜回："这……唔……老师，我到底该怎么办?"

孔子缓缓抬头，吐出两个字："斋戒。"

颜回："老师您知道我家里情况，我好几个月没闻到肉味了，本来就是在斋戒呀。"

孔子："你说的那个是在祭祀上的斋戒，我说的是心斋。心斋，你懂吗? 怎么理解这个心斋呢? 平时不吃肉，你肠胃就净化了，心斋呢，就是让你的心净化。人心跟镜子似的，镜子干净，照到的东西就干净，心净化了，你才能真正认识自己、了解对方，从而知道自己应该怎么做。做到这个的时候，你去卫国、齐国、秦国，去哪不可以呢。你进了人家卫国，他们愿意听你说的话呢，你就说，听不进去，就算了。你不拉帮结派、竖个旗子要宣扬什么，只是保持心性纯净，把目的和偏见放下，就可以了。"

《庄子·内篇·人间世》

叶公子高使于齐

叶公子高将要去出使齐国，临行前，他对孔子说："楚王交给我非常重要的使命，而齐国对待外国的使臣，往往是表面上恭敬而实际怠慢。一般人尚且不容易被感化，更何况是诸侯呢。我觉得很害怕。你曾经对我说过，'凡事很少有不依大道而能成功的。事情如果不成功，会遭到君主的惩罚，如果成功了，自己又会因喜惧交战胸中而生病，唯有得道之人，才能做到无论成功不成功都不遭受祸患。'

现在，我早晨接到命令，晚上就想喝冰水，一定是内心太过于焦灼的缘故，我出使的事情还没真正落实就已经喜惧交战而生病了。到时候，如果事情再办不成的话，又必定会遭受君主的惩罚，这样双重的祸患降临在我身上，我又怎么能够承受得了呢？请先生教教我避祸的方法吧！"

孔子说："天下有两个需要警戒的大法，一个是自然之性，一个是社会的道义。子女敬爱自己的双亲就是自然之性，它连接于内心不可解除，臣子侍奉君主这是社会的责任，哪个地方都有国君，因此，臣子的责任也不能逃避。子女侍奉自己的父母，无论什么环境都让父母安适，这是他们孝道的最高体现；臣子侍奉他们的君主，无论任何事情都要顺从君主的心意，这是忠诚的强烈表征。修养自己的身心，能够做到不让喜怒哀乐侵扰到自己的内心，明知道是无可奈何的事情却安之若素，这是有德行的表现。作为臣子固然有很多不得已的时候，这时候只要舍生忘死地努力做事就可以了，又怎么有时间去忧虑自己的生死呢！所以，你只要努力去做就可以了。

不过，我还想告诉你，大凡国与国相交，临近的国家就要靠信用往来，比较远的国家则要用忠实的语言来维系。语言必须要有人来传达，传达两国君主之间的喜怒之言实在是天下最难的事情。如果两国国君彼此喜悦，其间必然少不了溢美之词；如果两国国君彼此仇恨，其间又必然不乏骂詈之言。凡是过度的话语就不真实，不真实的语言别人就会怀疑，一旦遭受怀疑，那使臣就要遭殃了。所以，以前的格言说得好，'传达真实而非过分的语言，这样便有可能免除祸患了。'

譬如那些以技巧角斗的，一开始以喜相邀，最后以怒相斗，甚至使出各种诡计击败对方；又如那些饮酒的，开始规

规矩矩，最后迷乱大醉，甚至荒淫逸乐。凡事都是这样，开始诚信最后欺诈，开始只露出小小的端倪，最后就酿成大祸。语言啊，就像风波一样，风波易动，语言亦同样容易有危险，愤怒通常都是因为语言的欺骗。

野兽被逼到死地都会怒气发作，产生伤人的恶念，一个人对别人太苛刻同样容易招致别人的报复，而他自己还不明所以。所以古话说得好啊，'不要修改命令，不要强求成功。'过度就是自己私自增益；修改命令和强求成功，反而容易导致事情的失败。美好的事情常常需要积累很长的时间，而事情一旦做错又总是让人悔恨不及。那么，我们还可能不慎重地对待事情吗？顺着万物的自然之理而悠游我心，修养自己的心性，这样就达到理想的境界了，又何必非要自己去增益命令改变事情原本的轨迹呢？只需要真实不虚就是了·，而这，也是最难做到的了。"

《庄子·内篇·人间世》

颜阖将傅卫灵公太子

颜阖（hé）将要去做卫灵公太子的老师，临行前去向蘧（qú）伯玉请教："有一个人，天性比较残忍，跟他相处，如果我一味地去顺从他而不顾国家法度，那么国家就危险了；如果我按照规矩直言进谏，自己又很有可能性命不保。您说我该怎么办呢？"

蘧伯玉说："你问的很好，这个问题是值得好好警戒啊。首先要端正你自己，外表可以恭敬而柔顺，内心却要时时存着教化和诱导之义。即使是这样，仍然不能大意，外表需要柔顺却也不能太过柔顺，否则自己极容易陷入随波逐流的泥潭中去。内心要时时存心诱导，但又不能过分显露自己的美德，否则容易因名声而招致灾祸。如果他像婴儿那样无知；你就也像婴儿那样无知，如果他自己没有界限约束，你就也没有界限和约束；如果他放荡不拘，你也放荡不拘，最好是能够通过随着他的心意将他渐渐引导到没有过失的境界。

你应该知道螳螂吧，它奋力地举起自己的手臂想要阻挡正在前进的车轮，却根本不知道自己其实做不到，因为它不能正确估计自己的能力，而只是一味地将自己的能力夸大。你也要时常警醒，不能在君王面前夸张自己的才能而触犯了他们的尊严，否则，你就是将自己置于危险的境地了。

你知道养虎的人吗？他们往往不敢将活的动物直接给老虎吃，因为害怕老虎在搏杀动物的过程中刺激引发出它们残忍的天性；他们也不敢将整个的动物直接丢给老虎吃，因为老虎在撕裂猎物的过程中同样会刺激它们残忍的天性，所以，养虎人只能顺着老虎的天性去和它们相处，在此过程中逐渐诱导它们的习性发生变化。老虎往往对养自己的人产生爱意，那是因为他们经常随顺它们，而它们伤害人，也往往是因为他们违逆它们。然而，也有一些爱马的人，他们经常给马接马尿，接马粪，但是，只要他们没有及时将叮在马身上的蚊虫赶走，那马就会咬断衔勒，用马蹄踢他们。这些人，明明爱马爱到了极致，马反而完全忘掉了他们的爱，这样的状况，难道不值得我们深思吗？"

《庄子·内篇·人间世》

匠石之齐

　　有一个叫石的木匠要到齐国去，走到曲辕这个地方，看见一棵高大的栎社树。这棵树非常非常地大，大得即使你把数千头牛赶到树下，它的树荫都能够将这些牛遮得严严实实的。树干有百尺多宽，树身高过了山头，并且在高出山头几丈之后才有分枝，光是它的旁枝，都有许许多多可以用来做成独木舟。围观的人拥挤在一起，把这棵树围得密不透风。

　　匠石从它身边经过，却连看都没有看它一眼，匠石的弟子们将树仔仔细细地看了半天，跑过来对师傅说："师傅啊，自从我跟从您当木匠以来，从来没有见过材质如此美好的木头，可您为什么连看都不肯看一眼，只是径直往前走呢？"

　　匠石说："算了，不要说它了，这只是根没用的木头。用它来做船，船就会沉没；用它来做棺材，棺材会很快腐朽；用它做木器，木器会很快毁坏；用它做门户，树中的汁液又会很快渗出；用它做柱子，柱子都会被虫蛀，因此我说它只是一棵不能当作木材用的树木。也正是因为它没有用，所以才会像这样长寿啊。"

晚上，匠石做了一个梦，梦到栎社树对他说："你是把我和什么树作对比呢？将我和那些有用的树木做对比吗？那些山楂树、梨树、橘树、柚子树以及其他瓜果树，果实一旦成熟就会有人来打，因此它们的枝叶便不可避免地会被牵折、扭曲，大枝小枝纷纷而落，一片狼藉。正是它们的有用让它们最终不得终其天年而丧生，这都是它们自己招来的祸患啊。大凡世上的事物，无一不是这样，很久以来，我都在寻求使自己一无所用的办法，差点付出了生命，而我之所以到现在仍能够保全，都是因为我的无用啊。如果我也一样有用的话，那又怎么能够尽享天年呢？我和你都是天地间的一物，为什么你要将我看作无用呢？你这快死的人，又怎么知道什么才是真正的无用呢？"

匠石醒了之后，将这个梦告诉了自己的弟子，他的弟子说："既然它追求的是无用，那么它又何苦变成一棵栎社树呢？"匠石说："你不要再说了，栎社树也是故意生在社中，通过众人的嘲笑讥讽而保全自己。假如它不是生在社中，那也早就被人砍了当作木柴烧了，况且，栎社树用

来保全自身的办法本身就与众不同，你又怎么可以用常理
来推测呢?"

《庄子·内篇·人间世》

南伯子綦游乎商之丘

南伯子綦（qí）到商丘这个地方去游玩，看到了一棵大树，跟别的树相比的确是与众不同，千辆车马的阵容，它的树荫都可以将其遮蔽。子綦说："这是什么树呢？一定是一种异乎寻常的木材吧。"然而，抬起头看他的树枝，却发现它的树枝弯弯曲曲根本就没有办法当作栋梁，再低头看它的树根，发现它的树根亦是盘节蜷曲不能做棺材，用嘴巴尝它的叶子，嘴巴就会被其所伤而腐烂，用鼻子去嗅它，它又会让人大醉三日昏迷不醒。子綦说："噢，一定是一棵不成材的树，才有机会长得这么大，那么，所谓的神人，应该也是像这棵树一样，是懂得做不材之人的人了。"

宋国有这样一个地方，适宜种植楸、柏、桑等等有用的树木，这些树，长到一两把粗的时候就会被那些寻求栓小猴子木桩的人砍走；长到三围四围粗的时候，就会被那些寻求栋梁之材的人砍走；长到七围八围的时候，又会被那些寻求做好棺椁的富贵人家砍走，这就是它们作为有用之材而招致的祸患。在祭祀的时候，白额头的牛、鼻孔上翻的猪以及有痔病的人，都不能投到河里去祭神，这是巫师们都心知肚明的，他们认为这样很不吉祥。然而，神人能够将这种以不材来保存自己的无用当作最大的福祉和吉祥。

《庄子·内篇·人间世》

支离疏

　　有一个叫支离疏的人，他的面颊藏在肚脐下面，肩膀比头顶还高，头顶发髻（jì）朝天，五脏的穴位向上，肋骨和大腿在一起。然而，他这样一个人，却可以通过替人家缝洗衣服而养活自己，剥米扬糠（kāng），又可以让数十口人吃饱。国家征兵时，他因为自己的形体残缺可以悠游自在，国家有大的徭役时，他也可以免除徭役之苦。相反，当国家给贫穷的人施行救济的时候，他可以领到三钟米和一捆柴。像这样一个形体残缺之人尚且能够保全自己、颐养天年，更何况那忘记自己德行的人啊！

《庄子·内篇·人间世》

孔子适楚

孔子到楚国去，楚国的狂人接舆路过孔子的门前，边走边唱："凤凰啊凤凰，你为什么来到这样德行衰败的国家呢？过去的日子不可追回，未来的世界不可期待，天下有道的时候，圣人能够出来成就自己的一番功业，天下无道的时候，圣人也只能是想办法保全自己的生命。在这样的乱世，生命中的幸福轻如鸿毛，却仍不懂得享受；生命中的祸患沉重如同大地，却仍不知道躲避，这怎么可以呢？算了吧，算了吧，在这样的乱世还想要通过标榜自己的德行治埋天下，危险啊，危险啊。如果就这样想着用一定的法度来规范士人的行为，迷阳草啊迷阳草，不要伤到我的脚，我的路走得弯弯曲曲，不要伤害我的脚！

山木因为自己有用而遭到砍伐，它的油脂燃起的火会将自己烧干。桂树因为可供食用所以被砍走，漆树也因为有用而被人刀割。人们都知道有用的用处，却没有人知道无用的用处啊。"

《庄子·内篇·人间世》

兀者王骀（dài）

　　鲁国有个人叫王骀，虽然他的腿断了一只，但是跟着他学习的人很多，多到几乎跟孔子的弟子一样多。

　　常季看到了，就对孔子说："王骀明明只是一个断脚的人，为什么跟着他一起学习的人几乎跟您的弟子一样多？鲁国有一半的人是跟着您学习，另一半人跟着他学习。

　　他站着不教学生功课，坐下来又不和学生一起讲论学问。但是，跟着他学习的人即使脑子空空地去听课，也能充实地回来，难道真的有不用言语教导，没有行为展示，却能让人明白道理的人吗？这是一种什么样的人啊？"

　　孔子说："王骀是圣人啊，我也是不如他的人，应该跟在他后面学习啊，不过我还没来得及去向他请教学问而已。连我都要拜他为师，更何况那些不如我的人呢？不要说半个鲁国的人，我甚至希望能够带领天下人一起跟着他学习。"

常季说："他是一个断了脚的人，却能够超过先生，那那些普通人跟他的差距岂不是更远？这样一个人，他究竟是如何运用他的心智进行思考的呢？"

孔子说："生死是大事，然而他不会因为生死而牵动自己的内心，纵使外面的世界天翻地覆，他也不会让自己颠倒其间。他审视自己，坚守着自己的真正内心，而不让自己随着外界事物的变化而改变。他明白主宰万物变化发育的根源，却能保持自己的根本不变。"

常季问："这是什么意思呢？"

孔子回答说："天下万物，从他们不同的一面看来，那肝胆楚越自然个个不同，然而，从相同的一面来看的话，万物其实都是一样的。像王骀这样的人，他根本无意于明确自己耳目的喜好，而只会让自己的心在德行的完满中悠游自在。万物从相同的一面看就看不到他们的残缺，丢掉一只脚也就好像丢掉一块泥巴一样。"

常季说："王骀修养自己，通过自己的智慧去了解自己的心灵，又通过对自己心灵的修养得到了一颗能够统一万物的平心，那么，他为什么就会因此受到众人的尊崇和爱戴呢？"

孔子说："人们不能在流动的水而只能在静止的水中照

出自己的样子，唯有静止的东西才能使他物静止。同样是受命于土地，却只有松柏能够四季常青。同样是受命于天，而只有尧舜能够正性，幸而尧舜能够自正心性，所以能够领导众人自正心性。如果人们能够保存自己生命的本性，就会像勇士那样无所畏惧。勇敢的将士都能够不畏生死单枪匹马地杀入敌军阵营，普通人为了一己功名尚且能够这样舍生忘死，更何况是像王骀这样的人呢？这些人明白包藏天地、蕴藏万物的规律，他们将自己的耳目六骸看作暂时寄寓的工具，视万物为一体而没有丧失本真之心。王骀不久就可以飞升成仙，与道合一，因此人们都愿意去跟从他，而他又怎么会把引导弟子当作一回事呢？"

《庄子·内篇·德充符》

兀者申屠嘉

申屠嘉是一个断了一只脚的人，他和郑国的子产一起拜伯昏无人为师。子产对申屠嘉说："我要出去你就留在这里，你要出去我就留在这里。"到了第二天，申屠嘉又与子产同席而坐，子产对申屠嘉说："我要出去你就留在这里，你出去我就留在这里。现在我要出去了，你可以先留下来吗？你见了我这个执政的国相都不回避，你要把自己和国家的当政官员摆在同样的位子上吗？"

申屠嘉说："先生的门下，怎么会有像你这样自以为是的执政官？你现在是在炫耀你自己的官位而看不起别人吗？我听说，'镜子明净，上面就没有灰尘。因为有灰尘在上面，镜子就不会明亮，所以长时间和贤人相处，自己也就不会有过错。'现在，你学习的是伯昏先生的大道，然而你仍然能说出这样的话，不是太过分了吗?"

子产说:"你已经像这样，连身体都残缺不全了，还想和尧舜一比高低，你难道都不估量一下自己的分量，好好反省反省吗?"

申屠嘉说:"犯法之后为自己的过错辩解，认为自己不应该遭受刑罚，这样的人很多。但是不为自己的过错争辩，认为自己应当受这个刑罚的人却很少。明白自己对于有些事情是无能为力的，而能够安心接受命运的安排，更是只有少数有德之人才能够做到。即使走进后羿的射箭范围之内，站在最中间靶心的地方，也有一些人不会被射中，这就是天命。人应该懂得欣然接受自己的天命。

以前，那些仗着自己有两只脚而讥笑我只有一只脚的人的确有很多，我听完之后也会勃然大怒。但是，自从到了先生这里之后，我的怒气就逐渐消失，性情也恢复自然平静了。这是因为先生用他善良的德行洗涤了我的内心，我跟随先生学习已经有十九年了，没有一天记得自己身体上的残缺。现在你和我以德相交，而你却非要用形貌上的要求来评价我，不是太过分了吗?"子产听了，马上显出一副坐立不安的惭愧样子，说:"你还是不要再说了!"

《庄子·内篇·德充符》

兀者叔山无趾

　　鲁国有一个断了一条腿的人，叫叔山无趾，他用脚后跟走着去见孔子，孔子说："你之前行事不谨慎，以致造成了现在的灾祸，现在即使来了，你犯下的过错，哪里还来得及弥补呢？"无趾说："我之前因为不识时务而没有保护好自己的生命，因此没有能够保全自己的脚，现在我来到您这里，是因为还有比脚更珍贵的东西想要保全。天是那么广袤，没有什么东西不会被它覆盖。地是如此广博，没有什么东西它不能承载。我将您当作具有天地一样德行的人物，哪里知道夫子您也会说出这样的话呢！"孔子说："是我自己太浅陋了，你何不进来，给我讲讲你所知的呢！"

　　无趾出来后，孔子对他的弟子说："你们一定要好好勉励自己啊，叔山无趾是一个断了脚的人，仍然想着要好好学习改变自己，以弥补自己以前的恶行，更何况我们这些形体完整的人啊！"

无趾对老子说："孔子到达至人的境界了吗？为什么他还是频频地来向您求教呢？他希望博取大名让自己为天下人所知，却不知道真正的至人是将名声看作束缚自己的桎梏的。"老子说："那让他把生和死看得一样重要，泯灭是非，从而解除他的桎梏，这样可以吗？"无趾说："孔子自己天生这样，又怎么可以解除呢？"

《庄子·内篇·德充符》

鲁哀公问于仲尼

　　鲁哀公对孔子说:"在卫国这个地方,有一个长得非常丑陋的人,他叫哀骀（tái）它。男人和他相处,就会因为思恋他而不想离去。妇女见了他就向父母请求说,'我宁愿给夫子这样的人做小妾,也不愿给别人做妻子'。并且这样说的人有数十个。我从来没有听他倡导过什么,他只是与人和善地相处罢了。他没有国君一样至高无上的地位,却可以将人从死亡中拯救出来;他没有俸禄,却能够使别人填饱肚子。他形貌的丑陋足以使天下人惊骇,所知道的东西也并不出于人们的认知领域,然而,就是这样一个人,竟然能够吸引男人和女人都来和他亲近,他身上一定是有与众不同的地方吧。

　　为了更深入地了解他,我把他召来观察,他形貌的丑陋果然使天下人都为之惊骇，然而，他和我相处，还没几个月，我就看出他的为人的确有和别人不一样的地方，还不到一年，我就完全信任他了。正好我的国家没有宰相，我就希望能把国家交给他来治理。他一副漠然的样子，好像是答应，又表现得心无系念好像要拒绝，我自愧不如，最终把国政大事都交给他。但没过多久，他就离开我悄悄地走了，我很忧虑，好像丢掉什么东西一样，觉得这个国家再也没有能够与我一同欢乐的人了。你说，他究竟是一个什么样的人啊？"

孔子说："我曾经到楚国去，半路上遇到了一只小猪在死去的母猪身旁吃奶，过了一会儿，小猪忽然惊讶地看了母猪一眼，丢开它跑了。这是因为母猪没有了知觉，也已经不能再像以前一样疼爱自己了，因此小猪爱自己的母亲，并不是爱它的形体，而是爱深藏在它形体背后的德性啊。那些因为战斗而死的士兵，在埋葬他们的时候就不用棺材饰物了；被砍下脚的人，他们原先的鞋子也不会再爱惜了，这些都是因为他们已经丧失了根本，只留下些形式上的东西的缘故啊。可见保留根本的重要性。"

"天子的宫妃，不剪指甲，不穿耳洞；娶了妻子的人就可以不被外界烦扰，不用再去服兵役了。只是为追求形体的完整尚且如此，更何况是德行的完满呢？现在，哀骀它不发一言就能取得别人的信任，并没什么功劳就能使得别人亲近，让鲁君将自己的国家托付给他，还唯恐他不接受，他一定是一个才性完备而不显露于外的人啊。"

哀公问："什么叫做才性完备呢？"

孔子说："生死、存亡、穷达、贫富、贤和不肖、毁誉、饥渴、寒暑，都是世界上万事万物发生的变化，都是天命的自然运行，它们日夜在人们的眼前循环更替，人的智力又不能够推测它们之所以这样的原因。这些变化不能扰乱自然平衡，不能进入人的精神之府，人的心灵始终能够安适顺畅而不失去愉悦的心情，并且能够和万物和睦相处，仿佛彼此交融于和煦的春风之中。这样，心在和外物接触时，就能做到只是客观地反映而不带有任何偏见，这就叫做才性完备。"

"那么，什么叫做内德不显露于外呢？"

孔子说："平，是水完全静止时的状态，它可以作为衡量事物的标准，它的内部保持静止外表又不荡漾。同样的，所谓道德修养，就是保持自己内部的中和之气，内德不外露，外界的万事万物自然就会来亲近它。"

有一天，哀公告诉闵子说："一开始，我以君主的地位治理天下，执掌天下的纲纪而忧虑万民的生死，我以为自己已经成为治理国家的典范了。然而现在，听了孔夫子的言论，我担心自己并没有实德，我不仅轻率地对待自己的身体，并且还将自己的国家置于危险的境地而不自知，我和孔子并不是君臣，而是以道德相交的朋友啊！"

《庄子·内篇·德充符》

惠子谓庄子

惠子对庄子说："人本来就没有感情吗？"

庄子说："是的。"

惠子说："人如果没有感情的话，又怎么能叫人呢？"

庄子说："大道赋予了人以容貌，上天又给了人形体，为什么不能叫做人呢？"

惠子说："既然叫做人的话，那怎么能没有感情呢？"

庄子说："你所说的情并不是我要说的情，我所说的无情，意思是说不因为喜怒哀乐的情感而损害自己的身心，经常随顺自然而不去人为地增益自己的生命。"

惠子说："不去人为地增益自己的生命，又怎么能够让自己的生命长久呢？"

庄子说："大道赋予了人以容貌，上天又给了人形体，不要让喜怒哀乐的情感损伤自己的身心，那么生命自然能够长久。然而现在，你让自己的精神驰骛（wù）在外，使自己的精力疲困，倚着干枯的梧桐树呻吟。上天赋予你形体，你却将它白白地耗费在无休止的论辩中，这难道是保全自身的做法吗？"

《庄子·内篇·德充符》

南伯子葵问乎女偊

南伯子葵问女偊（yǔ）说："您的年龄已经那么大了，可是脸色看起来还像小孩子一样，这是为什么呢？"南伯子葵说："那是因为我已经得道了。"

南伯子葵问："道可以通过学习而获得吗？"女偊说："不，不可以，你并不是那种可以学道的人。卜梁倚有圣人的才智却没有圣人的虚寂大道，我有圣人的虚寂大道却没有圣人的才智。我想要将自己的虚寂之道交给卜梁倚，或许他就能够成为圣人了吧？即便不能，他用圣人的大道来教导有圣人材质的人，也应该是最容易领悟的。

我留下来教导他，果然，三天之后，他就能将天下置之度外了。到他能将天下置之度外时，我继续守着留下来教导，七天之后，他就能遗忘人事，心灵不被物役了。等到他心灵不被外物牵累的时候，我继续留下来教导，九天之后，他就能到忘我的境界了。忘我之后就能够彻悟，彻悟之后就能够窥见卓然独立的大道，窥见大道之后就能破除古今的区别，没有古今的区别就能不生不死。大道流行使天下万物瞬息变幻，而它自己却永恒不变，道对于天下万物，无所不送，无所不迎，无所不毁，无所不成，这就叫做撄（yīng）宁，撄宁就是处于外界的纷繁喧扰中而能保持内心的宁静淡泊。"

《庄子·内篇·大宗师》

子祀、子舆、子犁、子来四人相与为友

　　子祀、子舆（yú）、子犁、子来四个人在一起说："谁能够把无看做是头，将生看做是脊背，将死看做是尾巴，谁能够明了生死存亡本是一体，我就和他做朋友。"四个人说完互相看着，会心地笑了笑，于是成为了好朋友。

　　过了不久，子舆生病了，子祀前去看望他。子舆说："造物主是多么伟大啊，将我变成了现在这个样子！"他佝偻着腰，脊背露在外面，五脏的穴位向上，面颊隐藏在肚脐下面，肩膀比头顶还高，发髻朝天，阴阳之气在他身上混乱不休，然而，他却仍然气定神闲，一瘸一拐地走到井边去照自己的容貌，说："伟大的造物者啊，将我变成了这样一个曲背弯腰之人。"子祀见了，问道："你不喜欢这样吗？"子舆说："没有啊，有什么不喜欢的呢！如果造物主将我的左臂变成鸡，那我就用它来打鸣报晓。如果造物主将我的右臂变成弹弓，那我就用它来打鸟做烤肉吃。如果造物主将我的尾巴骨变成车轮，那我就以它为马乘着，哪里还需要别的马车呢？况且生命的产生是应时的，生命的消亡也是顺时的，能够安于生命的节律，顺应自然，那么哀乐之情就不会侵入到我们的内心，古人将这叫做将人从倒悬的痛苦中解救出来。不能够自我解脱的人，是因为还有外物的牵累、束缚，人类不能胜过天命已经是由来已久的事实了，我又有什么可厌恶的呢？"

不久，子来生病了，呼吸急促，一副将要死的样子，他的妻子和儿女全都围绕在他的身边哭泣。子犁去看他，说："去一边吧，你们还是到一边去吧，不要扰乱正在发生变化的人！"子犁靠着门对子来说："造物主真是伟大啊，他又要把你变成什么呢？他又将让你到哪里去呢？他要将你变成鼠肝吗，还是要把你变成虫臂？"

子来说："子女对于父母的命令，无论东西南北，都唯命是从，阴阳变化对于人而言，就像父母对于子女一样。如果在接近死亡的时候，我却不听从造化的意思，那我不是太刚强不化而违逆大道吗？造化有什么罪过呢？他给了我形体让我生存，让我生时勤劳，老时安逸，死时休息，因此，那些把我的生存看做是好事的人，必然也应该把我的死看作好事。

　　如果有一个冶金的工匠，在他冶金的时候，突然那金属跳起来说，'我一定要铸成莫邪宝剑！'那冶金的人一定认为这是一块不吉祥的金属。现在，造化一旦把人铸成人的形体，如果人马上喊着说，'我成人了，我成人了！'那造物主一定认为这是一个不吉祥的人。如果我们把天地看成是一个大的熔炉，将造物主看作冶炼的工匠，那么，往哪里去不行呢？"

　　说完，子来就酣然睡着了，过了一会儿，又自然地清醒过来。

《庄子·内篇·大宗师》

子桑户、孟子反、子琴张三人相与为友

　　子桑户、孟子反和子琴张三个人结交，说："谁能够相交而出于无心，谁能够相互帮助又不着行迹？谁能够自由自在地遨游于尘世之外，忘记生死，与天地大化同游于无穷之中？"三个人笑着互相看看，彼此心领神会，于是默默地结交为友，从此恬静淡泊地相处。

　　不久，子桑户死了，还没有安葬，孔子听说了，就让子贡去一起帮忙安葬。子贡到了子桑户家里，看到孟子反与子琴张两人，一个在编曲，一个在弹琴，相互唱和道："子桑户啊子桑户，你已经返归大道的本源了，而我们仍然在这世上碌碌为人。"子贡看着有点不解，于是走过去对他们说："请问死者还未安葬就唱歌，这样做合乎礼仪法度吗？"孟子反和子琴张听了，相视一笑说："你不知道礼的真正含义啊！"

子贡回来后对孔子说："他们究竟是什么样的人呢？他们并不按照礼仪来修养自己的德行，把自己的形骸置之度外，在尸体面前唱歌，脸色却还镇定自若，丝毫没有哀戚的神色，我不知道该怎么评价他们，他们究竟是什么样的人呢？"

孔子说："他们是在世俗的礼仪法度之外的人，而我是在世俗的繁文缛节中生活的人啊。世俗之外和世俗之内本就是不相关的，而我却还让你前去吊唁，是我自己太固陋了呀！他们与造物主为友，在天地产生之初的浑茫一气中遨游，他们将生命看做是身上长出的赘肉脓疮，将死亡看成是这些脓疮肿瘤的破裂，这样的人，又怎么能知道世俗所谓死生的先后次序呢！他们借助于不同的物质，聚合成同一个形体，忘记了肝胆耳目的差别，生死往复循环，他们却不知道它的头绪，茫茫然悠悠自得地在尘世之外遨游，无所系累地逍遥于世间，这样的人，又怎么会被世俗繁琐的礼节所拘束呢？"

子贡说："那么，请问夫子，您奉行的是什么样的道术呢？"

孔子说："我是一个受礼义束缚的人，然而，即使这样，我还是想与你共游于方外。"

子贡说："请问夫子您有什么方法呢?"

孔子说："鱼儿一起在水中生活，那么，人就一起在大道之中生活。共同生长在水中的，需要挖开水池来供养清水，共同游于道中的，需要做到无为而内心安定，所以说鱼游在水中而忘记了一切，人在大道中畅游而忘记了所有。"

子贡说："请问方外之人是指什么?"

孔子说："方外之人，他们和世俗之人相反却和自然大道相通。所以说，天道认为是小人的，在世俗人眼中就是君子，世俗人眼中的君子，相对于天道而言却是小人。"

《庄子·内篇·大宗师》

颜回问仲尼

　　颜回问仲尼说："孟孙才母亲死了，孟孙才虽然哭泣却没有眼泪，可以看出，他的内心其实一点儿悲戚也没有。明明在守丧，却一点儿也不哀痛，他根本没有在丧礼上应该有的表现，却还以善于居丧而闻名鲁国，是不是他本来就是一个有名无实的人呢？我实在是不明白，觉得很奇怪。"

　　孔子说："孟孙氏已经尽到居丧之道了，甚至超过了那些懂得丧礼的人。丧礼繁复，本就应该有所简化，孟孙氏已经做到有所简化了。孟孙氏不知道什么是生，什么是死，不知道求先生，也不知道寻后死，他顺其自然地看待物化，以应付冥冥中不可知的自然之道。况且变化与否我们又怎么能说完全了解呢？如果将要变化，怎么知道那不变化的情形？如果不变化，又怎么知道那变化了的情形？我和你恐怕还在梦中，未曾觉醒呢。孟孙氏的母亲去世，他固然对此表示惊讶，然而并没有因此而损害自己的身心，这种惊恐并没有伤害他自己的精神，孟孙氏是人群中独自保持清醒的人啊。看到别人哭泣他也跟着一起哭泣，那是因为他要顺应世俗之人所以不能不装作这样罢了。

世俗之人看到自己的身躯就对别人说：'这就是我，这就是我！'然而，这些人怎么知道我所说的我就是真正的我呢？我们做梦，有时梦到自己是一只鸟飞入高空，有时梦到自己是一条鱼在水底游玩，那我到底是鸟还是鱼呢？现在说话的我，又究竟是醒着呢还是睡着呢？心情忽然舒适的时候是来不及笑的，笑声忽然从心底发出也来不及安排，那么，安于大道的安排，去掉因死亡而带来的恐惧和悲哀，这样差不多就可以进入空虚寂寥的境地，与天道合一了。"

《庄子·内篇·大宗师》

意而子见许由

意而子去拜见许由，许由问他说："尧教了你什么呢？"

意而子说："尧对我说，'你一定要亲身去实践仁义，做事情的时候，要能够明辨是非。'"

许由说："那你还来这里做什么呢？尧教你的那些所谓的仁义和是非的概念，已经破坏了你原本完整的精神，你还怎么逍遥自在地在大道中遨游呢？"

意而子说："即使这样，我还是希望能够在大道中自由自在地徜徉啊。"

许由说："不是这样的，盲人无法欣赏姣好的面容，瞎子无法看到华美礼服上的各种颜色和花纹。你的面容既然已经被伤害过，那还怎么可能完整呢？"

意而子说："无庄能够忘记自己的美貌，据梁能够忘记自己的力气，黄帝也能忘记自己的智慧，这都是在大道中锤炼而成的呀！那么，你又怎么知道大道不会修复我刺破的皮肉，弥补我割去的鼻子，从而让我拥有一个完整的形躯来跟从您学习呢？"

许由说："哎，或许是这样的吧。伟大的造化啊，它调和万物却从来不自以为是在行义，德行福泽万世却从不认为自己行仁，长于上古却不觉得衰老，覆天载地、雕刻形成万物却从不以此为技巧。这伟大的造物之处啊，就是我所悠游的地方。"

《庄子·内篇·大宗师》

颜回坐忘

颜回决定学习坐忘之术，学了几天，就去对孔子说：
"我进步了。"

孔子说："什么意思呢?"

颜回说："我已经忘记仁义了。"

孔子说："很好，可是距离真正的大道还有一段距离。"

过了几天，颜回又说："我进步了。"

孔子说："这是什么意思呢?"

颜回说："我已经忘记礼乐的法度了。"

孔子说："嗯，进步很快，但还没有达到最好的境界。"

又过了几天，颜回又来对孔子说："我进步了。"

孔子说："什么意思呢?"

颜回说："我坐着已经忘记自己了。"

孔子惊奇地问道:"什么叫坐着而忘记自己呢?"

颜回说:"毁坏自己的身体,忘掉自己的聪明,抛弃自己的形体和智慧,与天地融为一体,这就叫做坐着而忘记了自己。"

孔子说:"将万物混同为一则没有好恶的区分,与天地同化就不会执著而无所变通,你果然已经进入贤人的境界了,看来我要跟你学习了。"

《庄子·内篇·大宗师》

子舆与子桑友

子舆（yú）和子桑是好朋友。一次，淫雨连绵一直下了有十来天，子舆说："这大雨天不好弄吃的，子桑大概快要饿病了！"于是便打包了一些饭菜给子桑带去。走到子桑的家门前，听到子桑正在里面弹琴，边哭边唱到："到底是谁让我穷困到这样的地步？是父亲吗？是母亲吗？是天还是人啊？"声音十分微弱，又泣不成声。

子舆走进去说："我在外面听到你在唱歌，为什么这样悲伤，不成调子呢？"子桑说："我在思索让我变得如此贫困的原因而不可得，父母难道愿意看到我这么贫贱吗？天地无私庇佑万物，难道唯独让我这么贫穷？我想要探求使自己落到这步田地的原因，可是苦苦思索之后，却仍没有结果，这大概就是天命了吧！"

《庄子·内篇·大宗师》

066

啮缺问于王倪

啮（niè）缺问王倪问题，问了四次，每一次王倪都回答不知道。于是，啮缺喜出望外，奔跑着去告诉蒲衣子。蒲衣子说："这回你知道了吧，有虞氏终究是不如泰氏。有虞氏拿着一套仁义道德的标准去要求别人，虽然也会有一些仁人来归附，但终究免不了会混进一些虚伪欺诈的人。而泰氏，睡着的时候安安稳稳，清醒的时候悠然自得，任凭别人称呼自己为牛为马而没有丝毫怨气，他的智慧真实不虚，他的德行纯真高尚，因此不会招来虚伪和狡诈，现在你知道泰氏超过有虞氏的原因了吧！"

《庄子·内篇·应帝王》

肩吾见狂接舆

肩吾去见狂接舆，狂接舆说："日中始对你说了什么呢？"

肩吾说："日中始对我说，'做国君就要根据自己的意志制定规范和法度，并通过它来教化百姓，这样的话，百姓谁敢不顺服归化呢？'"

狂接舆说："他这是骗人的呀，用这样的方法治理天下，就好像要在大海中开凿河道，要让蚊子背负高山一样滑稽而不现实。圣人治理天下，难道仅仅是通过规矩法度这些外在的东西，来规范百姓的行为就可以了吗？治理天下，最重要的是顺从万物的自然本性，让百姓都各尽所能呀。况且，连鸟儿都知道通过高飞来躲避弓箭的伤害，小老鼠尚且懂得藏身社坛底下的洞中，从而避开烟熏和挖掘的祸患，而你竟然还不如这样的小动物，还不懂得要全身免祸、保全自己吗？"

《庄子·内篇·应帝王》

天根游于殷阳

天根去殷阳的南面游玩，到了蓼（liǎo）水岸边，正好碰到一个无名人，于是，天根便向他请教说："请问怎样才能把天下治理好呢？"

无名人说："去，到一边去吧，你这个见识浅薄的人，为什么要问让人这么不愉快的问题呢！我正准备和造物主做朋友呢。厌烦的时候，就乘着清虚之气遨游于天地的外面——那空虚寂寥的地方，居住在那无垠的旷野，你又为什么要用治理天下这样的问题来让我烦心呢？"

天根再一次问如何治理天下，无名人说："你要游心于恬淡之境，让自己的气息与宇宙间的清虚淡泊之气相合，顺应自然的本性而抛却任何私心杂念，这样，天下差不多就可以治理好了。"

《庄子·内篇·应帝王》

阳子居见老聃

阳子居去拜见老子，对他说："现在有这样一个人，他的身体健壮，敏捷而强悍，头脑清醒，能够洞察事物的道理，学习天地间的大道，却从来都不感觉到疲倦，像这样的人，可以称他为圣明的君王吗？"老子说："和圣人相比，这样的人只不过像官府中供使唤的小吏，或者像有技艺的工匠那样，被一己之长所累，劳损自己的身体而使心灵不得安宁罢了，有什么大不了的呢。虎豹因为华丽的皮毛而招致猎杀，敏捷的猴子和能捕捉狐狸的猎狗又因其才能而被拘系，人如果只像这些动物一样，徒有美丽的外表和巧妙的技能，却没有内心觉悟的话，那他反而非常容易使自己受到伤害，而像这样连自己的性命都难以保全的人，又怎么能够和圣明的君王相比吗？"

阳子听后一下子变了脸色，说："那么，请问圣明君王是怎样治理天下的呢?"老子说:"圣明君王治理天下,功德布及天下却从来不归功于自己,德育施及万物而百姓却不觉得自己有所依赖,他总是默默地使万物都欢欢喜喜地自然生长,自己却什么都不问不求,这样的人才是圣人啊!"

《庄子·内篇·应帝王》

郑有神巫曰季咸

郑国有一个叫做季咸的神巫，能够预知人的生死存亡、福祸夭寿，并且能够预知到具体的年月日，如同神明一样灵验，郑国的人见了，都惊慌地躲开。列子看到了，被他的能力所折服，心醉神迷，回来告诉壶子说："一开始的时候，我以为先生的道术就是最高深的了，没想到还有比您更高深的啊。"壶子说："我教给你的都还只是些表面的东西，真正的东西你还没有学到呢，难道你已经自以为得道了吗？只有一群雌鸟而没有雄鸟怎么能生出卵来？学道只学一些皮毛而不学本质，又怎么能够不被别人看穿而被操控？你用自己表面的一点点道术去和别人相抗衡，别人必然会超过你，所以，他们才能够窥测到你的心迹而给你相面，你明天带他一起来吧，让他也来给我相相面。"

第二天，列子带他来见壶子。出来以后，季咸对列子说:"哎,你的老师已经快要死了,活不成了,最多剩下十来天的性命,我从他的脸上看到了不好的征兆,仿佛湿灰那样没有一点生机啊。"把季咸送走后,列子进来,哭得泣不成声,他将季咸的话告诉壶子。壶子说:"刚刚我给他展示的是空虚寂寥的心境,茫茫昧昧,没有一点震动,他大概是看到了我的生机闭塞,所以才这样说,你改天再同他一起来吧。"

过了一天,列子又带他来见壶子。出来以后,他对列子说:"真是幸运啊,你的老师遇到了我,已经有救了,他的性命可以保全了,我看到了他闭塞的精神中保持的一点生机。"列子回来将这话告诉了壶子,壶子说:"刚刚我给他看的是天地间生长变化的气象,意气相合,心无杂念,生机从脚跟生起,他大概是看到了这线生机,你下次再带他来吧。"

过了一天,列子继续带他来见壶子。出来以后,他对列子说:"你老师的气息不平稳,我没有办法给他相面,试着让他将自己的气息平静下来,我再去看看。"列子进来告诉壶子,壶子说:"我刚刚给他看的是没有偏颇的冲虚之气,他大概是看到我心气平稳的前兆了。鲸鲵盘桓的水叫深渊,静止不动的水叫深渊,流动之水的聚集之地也叫深渊,渊有九种,我才给他看了三种呢,你改天再带他来吧。"

又过了一天,列子又一次带他来见壶子,还没站稳脚跟,季咸就仓皇地逃走了。壶子说:"快追!"列子跑出来追却已经来不及了，回去告诉壶子："他已经逃得毫无踪影，我追不上了。"壶子说："我刚刚给他看的面相同样不出大道的根本，只是随顺万物的变化而已。他不知道我是谁，只是觉得我像草一样随风而倒，像水一样随波逐流，因此便害怕得逃走了。"

自此之后，列子自觉未曾开始好好学道，于是回家潜心修行。三年不出门，为妻子烧火做饭，喂猪也像请人吃饭一样认真而恭敬，天真待物，不染世事，摒弃浮华，返璞归真，在纷繁的世界中保持常态，直到终老。

《庄子·内篇·应帝王》

混沌开七窍

南海的帝王叫做儵，北海的帝王叫做忽，中央的帝王叫做混沌。儵和忽经常到混沌住的地方相聚，混沌每次都盛情款待，对他们特别好。于是，儵与忽便准备报答混沌的深情厚谊，商量说："人人都有七窍，用来看、听、吃饭、呼吸，然而混沌却没有，我们试着帮他凿出来吧。"于是，他们每天都辛辛苦苦地为混沌凿开一窍，到第七天的时候，混沌就死了。

《庄子·内篇·应帝王》

崔瞿问于老聃

崔瞿（qú）问老聃说："天下如果没有治理好，怎么能够使人心向善呢？"

老聃说："你千万不要去扰乱人的内心。人心压抑就会消沉，受到鼓舞就会振奋，无论是压抑还是振奋都会使人心受到伤害。人心柔弱胜过刚强，坚贞刚毅终究会损伤自己的心性，浮躁时内心像有火在灼烧，沮丧时又像寒冰凝于心底，心念一刻之间就可以遨游于四海之外。它静处时深沉而广博，一旦动起来又可以飞上九重的高天，骄矜而没法控制的，唯有人心了。"

"以前，黄帝用礼义的法度来治理国家，人们的内心全都被这些仁、义、礼、智、信的概念所搅扰，于是，尧舜这样的君王都累得面目黧黑，瘦骨嶙峋，他们用自己奔波的辛劳来供养天下人的身体，他们含辛茹苦，在天下推行仁义，钳束自己的情感，在天下推行法度，然而，还是没办法治理好天下。尧将驩（huān）兜放逐到崇山，将三苗流放到三危，将共工驱逐到幽都，这都是治理不好天下的缘故啊。到了三王，天下百姓受到的惊骇更大了，下有桀和盗跖的兴风作浪，上有曾参、史鰌这样的贤人治理，儒家和墨家等各种各样的学派纷争并起。于是，高兴之人和气恼之人相互猜疑，愚昧之人和机智之人相互欺骗，善良的人和不善良的人相互非议，诚实的人和荒诞的人互相讥讽，天下变得更加衰败不堪了。人们的德性各不相同，最终也都流荡无归了。

举天下之人都喜欢智巧，因此老百姓也都去积极营求，最终智穷力竭。因此，君王逐渐开始用刀斧等刑具制裁百姓，用礼义法度等让他们规矩守法，肉刑的器具也开始使用以便决断，天下一天比一天混乱，人民死伤者不计其数，寻其罪过之本，都是因为扰乱人心啊。因此，真正贤能的人往往隐居在高山深谷之中，而治理天下的君王则总是在朝廷忧虑百姓。方今世上，人民流落致死的尸体堆积，带着枷锁的人拥拥攘攘，受到刑戮的人满眼皆是，然而，儒家和墨家的圣人还在枷锁之间振臂高呼。哎，真是太过分了呀！怎么能够这样地毫无愧怍和不知廉耻呢！怎么能知道圣智不是枷锁上的横木？怎么知道仁义不是枷锁上的榫头？怎么知道曾参和史鰌不是夏桀和盗跖出现的先声呢？因此说，弃绝聪明智巧，天下差不多就可以治理好了。"

《庄子·外篇·在宥》

黄帝问于广成子

黄帝做了十九年天子，政令通行天下，他听说广成子在崆峒山上修行，就去拜见他。黄帝对广成子说："我听说您已经通达到'至道'的境界，请问'至道'的精髓是什么呢？我想要获取'至道'的精髓，从而帮助五谷成熟，养活天下的百姓，我想要主宰天地间的阴阳之气，使万物顺其自然地生长，这要怎么样才能做到呢？"

广成子说："你想要问的是道的精髓，你想要主宰的是万物的阴阳消长之理。自从你治理天下以来，经常是云气来不及聚集就下起雨来，草木还未变黄就已凋零，日月的光辉都日益暗淡，你怀着小人的狭隘之心，怎么能够谈论天下至真的大道呢？"

黄帝听后便离开了，他抛弃了天下，一个人跑出去在远离喧嚣的地方建起了一座房子，铺上白茅做的席子，独自居住了三个月，然后又去向广成子先生请教。广成子正头朝南躺着休息，黄帝跪膝前进到广成子的身边，恭敬地磕头然后问道："我听说先生您通达至真的大道，请问先生，如何才能够保持自己生命的长久呢？"

广成子惊讶地坐起来，说："好啊，这是一个好问题，你过来，我给你讲解什么是'至道'。至道的精华幽深杳冥，至道的极致沉静渊默。不要看，不要听，安安静静地保守着自己的精神，这样，你的形体便可以长久。一定要清净，不要劳乏你的形体，切莫摇荡你的精神，这样就可以长生了。谨慎地保守你的内心，戒绝感官的一切活动，智巧过多就会招致败亡。我已经帮助你到达了那极其光明的地方，到达了'至阳'的生成之处，也帮助你到达了那特别深渊的境界，到达了'至阴'的生成之处。天地有自己的主宰，阴阳有其运转藏身之处，你更要谨守自己的内心，这样自然可以保持身心的长久。我一直以来都默守着精神的完整而使自己处于天然和谐的境界中，因此，我修行有一千二百多岁了，我的形体却仍然没有衰老。"

黄帝又跪着拜了两拜，说："广成子先生真可以说是与天合一了！"

广成子说："来，我跟你说，大道其实没有穷尽，然而人们都以为它有始有终，大道其实随意变幻不可测度，人们却都以为它有迹可循。得到我这个'至道'的人，在上可以为黄帝，在下可以为君王，不懂我这个'全道'的人，在上可以看到日月星光，在下则必化为尘土。现在，世上万物都生于土，最终又复归于土，因此，我将要离开你，前往那无穷无尽的世界中，遨游于广袤无际的旷野，我将和日月合一而长存，和天地并生而不死，靠近我，是昏昏暗暗的，远离我，是毫无知觉的，人们最终都将会死去，唯有我，将会长久独生。"

《庄子·外篇·在宥》

云将东游

云将到东方去游玩，经过神木扶摇的枝头时，正好碰到了鸿蒙，鸿蒙正拍着自己的大腿到处愉快地玩耍。云将看到了，惊奇地停下来，恭敬地站立着对鸿蒙说："您老人家是谁呢？您为什么在这里玩呢？"

鸿蒙听了，仍然继续拍着自己的大腿跳跃不止，说："我在游玩呢！"

云将说："我想要请教您一些问题。"

鸿蒙抬起来头来看着云将说："噢！"

云将说："天气不匀和，地气有郁结，天地间的六气不调和，四时的节气不准点，现在，我希望能够调和天地之间的精气来化育万物，怎么办才行呢？"

鸿蒙拍着大腿跳跃着回过头来对云将说："我不知道呀！我不知道呀！"于是，云将也没有办法了。

又过了二年，云将再次去东游，路过宋国的郊外时正好又遇到了鸿蒙。云将非常高兴，快步走到鸿蒙面前，对他说："您忘了我了吗，您忘了我了吗？"于是云将跪拜磕头，希望能够得到鸿蒙的指点。

鸿蒙说："我只是在无拘无束地游玩，也没有什么要营求的，散散漫漫，不知道要到哪里去。在纷纭复杂的世间行走，以求洞达世界的真相，我又怎么知道别的呢？"

云将说："我自己也想要自由自在地游荡，然而，人民却紧紧跟着我的步伐，我也有很多的不得已，不知道该怎么办。现在，他们又都开始效仿我了，我希望能听到您的意见。"

鸿蒙说："扰乱天地的常理，违逆事物的真性，这样的人上天是不会成全他的事业的。群兽离散，鸟儿也惊恐不安，灾祸殃及到草木和小虫子，哎，这都是圣人治理国家的罪过啊！"

云将说："那么，我该怎么办呢？"

鸿蒙说："哎，天下已经被毒害到这样的地步了，你还是自己一个人逍遥归去的好啊！"

云将说："我遇到真正的大道是多么的不容易，我真心希望能够听到您的劝诫。"

鸿蒙说："那么，注意养心吧。你只要不干涉事物正常的发展轨道，事物就会自然运化。抛弃你的身体，弃绝你的聪明，将事物之理连同事物一同忘记，与自然之气合一，解除自己的知觉和思虑，无知无识就好像没有灵魂一般。万物虽然纷繁复杂，却各自复归到自己本真无妄的大道中，各自复归大道却仍然不自知，混混沌沌，众生都在坚守而不弃离，如果你知道自己在坚守大道，那就已经离道而去了。不问它的名称，不窥探它的实情，万事万物本来就是自化自生。"

云将说："上天赐给我大道，暗示我行为要静默，我亲身追求大道，现在才算得到了。"于是连忙叩头，然后起身离去了。

《庄子·外篇·在宥》

黄帝游乎赤水之北

　　黄帝在赤水的北岸游玩，登上昆仑山向南望了望，就回来了。回来以后，发现将自己的宝珠丢掉了，于是便派多智多巧的智前去寻找，结果没有找到；又派以目明著称的离朱去寻找，结果也没有找到；又让巧言善变的喫（chī）诟去寻找，结果还是没有找到；最后，黄帝只好派恍惚迟钝的象罔去寻找，象罔却找到了。黄帝不解地说："真是太奇怪了，怎么象罔反而能够找得到呢？"

　　　　　　　　　　　　　　　　《庄子·外篇·天地》

尧问于许由

尧的老师叫许由，许由的老师叫啮缺，啮缺的老师叫王倪，王倪的老师叫被衣。

尧问许由说："啮缺适合出来做天子吗？适合的话，我想借助王倪邀他出来做天子。"许由说："那样的话，天下可就危险了呀！啮缺的为人，聪明而有智慧，做事敏捷，才性过人，他总是将人的意志强加给天，极其擅长于禁止别人犯错误，但并不清楚这些错误之所以产生的原因。你要让他出来做天子吗？他办一切事情都只是顺应人的智力而不顾天理，只注重人的形体而不能与大道合一，崇尚智谋而急躁冒进，被天地间的万物所驱使，所拘役。他环顾四周，却只是想让万物都来顺应自己，做事合乎众人的需要，却与物同化而失去了自己的本性，他怎么能够来做天子呢？只不过，即使这样，有人群的地方就要有首领，他还是可以做一个臣子的，只是不能做君王而已。治是乱的开始，强行治理，对于君王和百姓而言，都是一种伤害。"

《庄子·外篇·天地》

尧观乎华

尧去华地去参观巡视，华地看守边疆的人说："呀，是圣人呀，请允许我祝愿圣人长命百岁。"

尧说："算了吧。"

"请祝愿圣人大富大贵。"

尧说："算了吧。"

"那请祝愿圣人多生男子。"

尧说："算了吧。"

守边疆的觉得有点奇怪，就对尧说："长命、富贵、多子都是人所渴望的，唯独你却不想要，这是为什么呢？"

尧说："多男孩子便要有很多愁烦，富贵便会多事，长寿则多受人生在世的屈辱，这三者，对于修养德行而言都没有什么好处，因此，我并不渴望拥有。"

守边疆的人于是说："一开始，我还以为您是圣人，现在看来，您也只是一个君子啊。上天给了万民生命，便一定会给他们一定的职责，男孩子虽然多，但可以给他们安排各自的职责，这样，有什么可愁烦的呢？富贵就把财物分给天下人，这样还怕什么多事呢？作为圣人，像鸟儿那样居无定所，仰足而食，不留痕迹。天下有道时，就和万物一起昌盛，天下无道时，就安安静静地修养自己的德行。千年之后，如果对尘世感到厌倦，就乘着白云去那仙人的居所，这三种祸患又怎么能够来到呢？身体永远没有灾祸，还怕什么受辱呢？"

说完，守边疆的人就离开了，尧赶紧跟上去，恳切地对他说："希望能够向您请教问题。"

守边疆的人说："算了吧，你还是回去吧。"

《庄子·外篇·天地》

尧问伯成子高

  尧治理天下的时候，伯成子高被立为诸侯，尧把帝位传给舜，舜又把帝位传给禹，然而这时，伯成子高却辞去自己的诸侯职位去种地了。禹去看他，见到他在田野里耕种，便走过去虚心地站在他的身边，问道："以前，尧治理天下的时候，您被立为诸侯，尧把帝位传给舜，舜又把帝位传给我，现在您却要辞去诸侯的职位而去种地，请问这其中有什么缘故吗？"

  子高说："以前尧治理天下的时候，不用奖赏人民自然互相帮助，不用刑罚人民自然会有所畏惧，现在，你虽然赏罚并用而人民却并不仁爱，道德自此而衰败，刑罚自此而建立，后代的乱世将要从这里开始了，您为什么不赶紧回去呢？不要耽误我干我的农活了！"说完一个劲儿地去耕种，再也不理睬禹了。

《庄子·外篇·天地》

夫子问于老聃

孔子问老子说："有人研究大道从来不苟从众说，都是标新立异、见解独特。将别人觉得不可以的说成是可以，将别人认为不对的说成对的，更有善于论辩的人还说，'将事物的坚白区分明确，就好像高悬于天空中的星辰那样清楚明白'。这样的人，可以叫做圣人吗?"

老聃说："这只是被琐屑的吏事和巧妙的工艺束缚的人，这种人往往使自己的形体劳累，精神受损。善于捕捉竹鼠的狗很容易被猎人捕获，行动敏捷的猿猴往往被人从山林里捉出来。孔丘，我告诉你一些你没有听过也说不出来的事情吧。有手有脚，但没有心耳的人是很多的，而能够将有形的身体和无形的大道统合起来的人却几乎没有，或是动静、或是生死、或是废起，这六种情况又都是出于自然而不能知其所以然。倘若真的存在治理，那也应该随顺人的本性，忘记外物，忘记天，忘记自己，忘记自己也就是和天道融而为一了。"

《庄子·外篇·天地》

将闾葂见季彻

　　将闾（lú）葂（miǎn）见到季彻，说："鲁国的国君让我传授治国之道，我实在没办法推辞，只好跟他讲了一些，然而，我不知道我向鲁君陈述的究竟对不对，所以，还是想说出来听一下先生您的意见。我对鲁君说，'一定要亲身实践恭敬和节俭，选拔公平正直之人而毫无偏私，这样的话，人民哪里敢不顺服呢？'"季彻听了，只是微微一笑，说："如果真的像夫子您说的这样去治理国家，那无异于螳螂用它张开的手臂去阻挡前进的车轮，它的力量根本就无法胜任，况且，如果真的这样去做了，其实是将自己置身于危险的地方，就好像高而华美的宫观，围观的人就必然很多，必然更容易招致一些别有用心之徒的觊觎（jì yú）啊！"

　　将闾葂听了又惊讶又害怕，说："我对夫子您所说的实在是茫然无知，然而，即使这样，我还是希望能够听到先生您的教导。"季彻说:"圣人治理天下都要顺应人民的本心,自然而然地形成教化从而改变习俗,让他们的有为之心渐消,而去引导他们行道的心志,顺应人民的本性自由发展,而人民自己却不知道。如果像你说的这样去治理,岂不是要推崇尧舜的治民之道,让百姓混沌无知地跟着走吗?圣人治理天下,只是尽力让天下人都顺应自己的本心去发展,努力使他们的内心安定罢了。"

《庄子·外篇·天地》

子贡南游于楚

　　子贡到南边去游历楚国，返回晋国时，经过汉水的南岸，看见一位老丈人正在开辟菜畦，打了一条水渠直通到井边，正抱着水瓮来来回回地灌溉，用力甚多而收效甚少。于是，子贡走上前去对老丈说："现在已经有浇灌的机械了，一天可以浇灌上百畦菜地，用力甚少而收效甚多，您为什么不用呢？"

　　种菜的老人抬头看了看说："那应该怎么做呢？"子贡说："将木头凿成机械，后面重而前面轻，这样，提水就好像从井中抽水一样，水流急速就好像沸水溢出，这种机械的名字叫做桔槔。"

　　浇菜园的老丈听了骤然变了脸色，说："我听我的老师说，有机械的地方就一定会出现机巧之类的事，有机巧之类的事情就会有机变的心思，机变之心留存于胸中，那么天真朴素的自然本性就不会完备，天真纯朴的自然本性不完备，那么精神就不会专一安定，精神不能专一安定，大道就不能充实他的心田。我不是不知道有这样的机械，只是羞愧而无法使用啊。"子贡听了满脸羞愧，低下头去说不出话来。

过了一会儿，浇菜畦的老人问道："你是干什么的呀？"子贡说："我是孔夫子的学生。"浇菜园的老人说："就是那个拥有广博的学识而处处模拟圣人，辩词华丽盖过世人，独立一人弹着琴唱着哀歌，周游天下卖弄名声的人吗？你还是尽快离开他吧！你应该抛弃自己的精神意志，弃绝自己的耳目形骸，这样或许才可能真正接近大道！如果你连自己的身体都没法调理好，又怎么会有时间去治理天下呢？你赶紧去吧，不要耽误我做事情了！"

子贡听了大感惭愧，神色顿改，一副失魂落魄难以自持的样子，大约走了三十里之后，神色才慢慢恢复平静。他的弟子对他说："刚刚的那个人是谁呢？夫子您为什么听了他的话以后就神色失常，一整天都难以恢复常态呢？"子贡说："刚开始我以为天下得道的就只有我的老师孔子一人，却并不知道世间竟然还有像这样的人。我从老师那里听说，办事要寻求可行，功业要追求成就，用的力气要少收到的功效要大，这才是圣人之道，然而，现在看来并不是这样。

依道行事的人德行才会完备，德行完备的人形躯才能保存完整，形躯完整精神才能旺盛，精神旺盛才是圣人之道。

圣人和普通的世俗之人生活在一起却并不知道自己将要到哪里去，看起来总是茫茫然却德行完满，功利机巧的事情，他们一定不会放在心里。这样的人，不符合他们志愿的事情，他们一定不会去做，不符合他们思想的事情，他们也一定不会去做。即使全天下的人都在赞誉他们，称誉的言辞符合他们的德行，他们也一副孤高而不屑一顾的样子；即使全天下的人民都非议他们，而且非议的言辞与其所行并不符合，他们也会无动于衷而不予理睬。天下人的赞誉和诋毁，对他们并没有任何增加和损害，这样的人就叫做德行完备的人啊，而我这样的人，只能称作是被这世间的是非功利所动的人。"

　　子贡回到鲁国，将自己在路上遇到的事情告诉了孔子，孔子说："他们是借助混沌氏的主张来修养自己身心的人，他们懂得万事万物混沌无别的道理，却不懂得随顺事物的变化而变化，只知道调理自己的身心变化不被外物所役。他们心境纯明像白色的丝绢一样，虚寂无为而复归于大道之源，体悟大道的真性而保守自己的精神，自由地遨游于世俗之中，你有什么好惊讶的呢？混沌氏的修养方法，我和你又怎么能够完全知晓呢？"

　　　　　　　　　　　　　　　　　　《庄子·外篇·天地》

谆芒将之大壑

谆（zhūn）芒要向东到大海里去，正好在东海的海边遇上了苑风，苑风说："你要到哪里去呢?"谆芒说："我想要到大海里去。"苑风说："你到大海里去干什么呀?"谆芒说："大海呀，河流注入她她却从来不满溢，向她取水也从来不会枯竭，因此，我想要去看看她到底是什么样子?"

苑风说："你难道不想当治理国家的君主吗? 我想听您讲一讲圣人应当怎样治理国家。"谆芒说："圣人治理国家的方法吗? 他们设立官职和推行政令都很合理，选举任用人才从来不会埋没他们的才能，明察事物的实情而顺应其自然的本性，言行举止自然而然，天下自会得到化育。这样，挥手顾盼之间，四方的人民没有不顺服来归的，这就是圣人治理国家之道。"

苑风说："我想要知道什么是德人。"谆芒说："德人啊，他们居处时不思考，行动时又没有忧虑，心中没有是非美丑的观念。四海之内的百姓都能得到好处他就会高兴，都能得到给养他就能安乐。他们悲伤的时候像婴儿失去母亲，怅然若失的样子又像行路时迷失了方向。他的钱财从来不会缺乏却并不知道它们来自哪里，饮食充足也不知道是从哪里得到的，这就是德人的样子。"

苑风说："那什么是神人呢?"谆芒说："神人啊，他们腾跃而起，乘着天地间的神光，光与身形融为一体，消失殆尽，这就叫做空虚明旷，穷性命之至而尽生化之情，与天地同乐而万事万物都自然消亡，万物都回归其自然本性，这就叫做与道冥合的自然境界。"

《庄子·外篇·天地》

门无鬼与赤张满稽观于武王之师

门无鬼和赤张满稽去观看武王的军队，赤张满稽说："武王的统治比不上有虞氏的禅让啊，因此，国家才会遭受这样的灾难。"

门无鬼说："在天下太平的时候有虞氏去治理国家呢，还是天下混乱的时候有虞氏去治理国家?"

赤张满稽说："天下太平是老百姓的梦想，如果天下太平了哪里还需要有虞氏来治理呢? 需要有虞氏的时候，就好比人头上长了病疮以后需要进行医治，好比人秃顶了以后再装上假发，好比人生病了以后去请医生治病。孝顺的儿子拿着药给父亲治病，脸色憔悴忧戚，然而圣人羞于这样去做，就好像有虞氏治国，虽然看起来尽心竭力，但真正的圣人根本羞于这样去做。

圣人治理国家，不崇尚贤才，不任用智能之士，君主就

只像是长得高出的枝条一样，不会给人施加压力，而人民都好像自由奔跑的野鹿，无拘无束。他们行为端正却并不认为在施行仁义，相亲相爱而不认为这就是仁，诚实可靠而不觉得自己忠诚，行事合情合理却不知道这就是信，做事总是相互帮助却也并不以为给了别人什么恩惠，因此，他们的行事没有什么痕迹，也就没有能够流传下来。"

《庄子·外篇·天地》

舜问于尧

从前，舜对尧说："天子的用心是什么样的呢?"

尧说："作为天子，我并不傲视那些有苦说不出的人，从不抛弃那些十分贫苦的百姓，我哀怜那些死去的人，可怜幼小的孤儿和寡妇，这就是我的用心之处。"

舜说："这样做的确算是很好的了，但是从大道的方面来看，还显得有所褊狭，不够完备。"

尧说："那么，应该是什么样的呢?"

舜说："以自然的德行顺应万物，那么天下就会安定，就好像日月照耀大地四时自然运行，昼夜交替自然有它自己的规律，云行雨施也自然会有它的节点。"

尧说："我真是多事啊，您的德性已经与天相合了，而我所懂得的仍然只是人道的道理。"

天地万物，古人将它们看作最伟大的东西，也是受到黄帝、尧、舜所赞美的，所以，古代统治天下的人还有什么要做的呢？只不过效仿天地的无为罢了。

　　　　　　　　　　　　　　　《庄子·外篇·天道》

孔子西藏书于周室

　　孔子准备向西而行，将自己的书藏到周王室的藏书室中，子路给孔子出主意说："我听说周王室的藏书室中有一位名叫老聃（即老子）的人，他现在已经免职归家了，如果夫子您想要藏书的话，为什么不去拜访一下他，试着请求他的帮忙呢？"孔子说："那好吧。"

　　于是，孔子便去请求老聃的帮忙，然而老子不答应，于是，孔子详细地为老子解说十二经，希望能通过自己的解说让老子明白这批书的重要性，让他答应把它们保存在王朝的藏书室中。然而，讲说中间，老聃打断了孔子的话，对孔子说："你所讲说的东西实在是太冗杂空泛了，我希望简明扼要地知道其中的要点。"

　　孔子说："要点就在于'仁义'二字。"

　　老聃说："那请问什么是仁义，它是人的本性吗？"

孔子说:"是的,君子没有仁就不能成长,没有义就不能生存,仁义,实在是人的本性啊,这还有什么好质疑的呢?"

老聃说:"那么,请问什么是仁义呢?"孔子说:"心中时常和乐,没有私心地热爱一切,这就是仁义啊!"

老聃说:"哎,这是多么肤浅的语言啊!没有私心地热爱一切,这种想法实在是太迂腐了呀,当你说没有私心的时候,其实事先已经有'私心'这样的想法存在于内心之中了。想来夫子您也是希望天下之人不失养育吧,那么,天地其实本来就常存,日月本来就很明亮,星辰本来就有它们固定的位置,禽兽本来就在群居,树木也本来就有自己固定的位子,所以夫子您也应该按照天地间的自然之理行事,循着大道向前走,这样做就是最好的了,又何必汲汲于标举什么仁义呢?如若坚持如此,那跟敲锣打鼓去寻找逃跑的盗贼有什么两样呢!哎,夫子您其实是在扰乱天下的人心啊!"

《庄子·外篇·天道》

士成绮见老子

士成绮见到了老子，对他说："我听说夫子您是圣人，因此不怕山高路远、路途辛苦来看您，就是为了能够见您一面。我走了那么远的路途，甚至脚上磨出了泡都不敢休息，但是，现在我看着您，并不觉得您是圣人，您将剩饭剩菜扔得到处都是，这不符合仁的原则；生食熟食，摆得满目都是，但您仍然不停地聚敛，这实在不是圣人的所为啊。"老子听后，漠然没有反应。

第二天，士成绮又来见老子，对老子说："我昨天讥讽了您，现在我的这些想法却正在逐渐消失，这是为什么呢？"老子说："你说我是神圣有智慧的人，而我觉得自己并不是，昨天你说我是牛，我就承认我是牛，你说我是马，我就承认我是马——因为如果真是那样的话，当人们那样称呼我的时候我却还不接受，那就是犯了两次过错了。我服从人家，向来如此，并不是为了服从才去服从。"

士成绮避着老子的影子，侧着身子斜步而行，走到老子身边问道："应该怎么样修身呢?"老子说："你的容貌傲岸、眼睛突出、额头高耸、嘴巴大张，你的外表高大，内心却好像马儿一样到处奔走。你行动之前好像是很矜持的样子，一旦开始行动却像发箭一样机敏，对待事物是审慎而又明察秋毫的，你机智灵巧而表现出骄矜的神色——这些都是虚伪的表现啊！如果边境有这样的人的话，他的名字就叫做窃贼吧!"

《庄子·外篇·天道》

轮扁斫（zhuó）轮

　　齐桓公在堂上读书，轮扁在堂下砍制车轮。一会儿，轮扁放下手中的斧子，走上前去问齐桓公说："请问公子您读的是什么书？书上说的又是什么呢？"

　　齐桓公说："我读的是圣人的言论。"

　　轮扁说："那圣人现在还在吗？"

　　齐桓公说："圣人已经死了。"

　　轮扁说："那么，您所读的书，其实只是古人的糟粕罢了。"

　　齐桓公听了大怒，说："寡人读书，你一个制作车轮的匠人怎么敢妄加议论！如果你能说出什么道理的话也就算了，如果说不出什么道理，我今天就赐你死！"

　　轮扁听了，不急不缓地说道："请允许臣用自己的事情来打比方。制作车轮，如果太松了就容易滑动而不牢固，如果太紧了则会滞涩而难以转动，不松不紧则需要手上功夫和心中所想一致。这种制作中的规则，是无法靠嘴巴说出来、表达出来的，但这种制作中的规则又是蕴含在其中的。这种方法，臣甚至都无法传授给自己的儿子，我的儿子也不能从我这里直接拿过去，因此，我现在已经七十岁了却还在制造车轮。同样，古人和他那些无法传授的东西，也已经一起消亡了。因此我才会说，您所读的东西，已经只是圣人的糟粕了呀！"

《庄子·外篇·天道》

太宰荡问仁于庄子

宋国的太宰叫荡，他向庄子请教"仁"的问题。庄子说："虎狼也是有仁爱的。"太宰说："这是什么意思呢？"庄子说："虎狼也能做到父子间相亲相爱，怎么不能称为'仁'呢？"

太宰说："请问至仁是什么？"庄子说："至仁就是没有偏私的爱。"太宰说："我听说，没有偏私就没有爱，没有爱就没有孝顺，也就是说，至仁就是不孝，这样说可以吗？"

庄子说："不是这样的，至仁是值得推崇的，用'孝顺'本来就不足以说明'至仁'的道理。这并不是说孝顺有什么不好，只是说它和孝并没有什么关系。向南走的人走到郢这个地方，向北看就看不到冥山，这是为什么呢？是离开太远的缘故啊。所以说，用恭敬行孝容易，用爱心来行孝却难；用爱心行孝容易，用虚淡的心态忘怀双亲却困难；用虚淡忘双亲容易，让双亲忘掉我却困难；让双亲忘掉我容易，同时也能忘怀天下却困难；忘怀天下容易，让天下人都忘掉我却困难。

　　真正的大德之人，连尧舜都不放在心上，利益和恩泽施于后世，而天下人却并不知道，难道还用得着去赞叹'仁孝'吗？孝悌仁义、忠信贞廉，这些都是人们用来勉励自己，而事实上却有害于自然德性的行为，不值得称赞啊！所以说，真正的尊贵是能够摒弃国家和爵位，真正的富有，也是能够放弃所有的财宝，真正的愿望，更是能够抛弃一切名誉。因此，大道是永恒不变的。"

　　　　　　　　　　　　《庄子·外篇·天运》

孔子西游于卫

孔子向西去游历卫国，颜渊问师金说："请问夫子这次的卫国之行怎么样呢？"师金说："哎，可惜呀，你的老师这次出去要遇到困窘和灾祸呀！"颜渊问："为什么呢？"

师金说："在刍狗还没有用于祭祀之前，把它用小木箱子装着，用刺有花纹的金帛包裹着，连祭祀的巫师都要经过斋戒之后才敢捧着它去祭祀。等到祭祀完了，走路的人任意践踏着它的身体，割草的人将它带回去烧火做饭，根本不会再有人在意它了。如果仍然想要将它用小木箱子装好，用刺有花纹的金帛包裹起来，出游睡觉都不离开它，那么，即使不会招来噩梦，也会在睡觉时遭受梦魇（yǎn）的压抑。现在，你的老师就是在拿先王已经用过祭祀的刍狗，日日聚集自己的弟子在他身边游居讲习，因此，在宋国的大树下讲习，大树会被砍伐，在卫国会被匡人围困而没有居处，在宋国周游会遭受困厄，这难道不是他的噩梦吗？在陈蔡两国遭受围困，七天不能生火做饭，生命只在旦夕之间，这难道不是梦魇吗？

在水上行走莫过于用船，而在陆地行走则莫过于用车，如果因为舟可以在水上航行就希望它也同样能够在陆地上行走，这样即使努力一辈子也不会有什么结果。古代和今天难道不像水面和陆地吗？周朝和鲁国不正像舟和车吗？现在你的老师希望将周朝推行的那套政治主张用在鲁国，这就好像希望在陆地上行舟一样，注定是劳而无功的，反而会使自己遭受灾难。你的老师不明白运转的无常，可以顺应万物而没有穷尽。你难道没有见过桔槔吗？牵引绳子将桔槔放进水里，桔槔就会俯下，放开绳子，桔槔就仰起，然而，因为桔槔是人所牵引的，所以无论俯仰都不会得罪人，人都会满意。

因此说，古代三皇五帝的礼义法度都不崇尚相同，而只看重能够使社会得到治理，他们就好像山楂、梨、橘子和柚子一样，味道虽然不尽相同，但吃起来都非常可口。因此，礼义法度也是需要顺应时代的变化而变化的，现在，你的老师所做的事情无异于给猿猴穿上周公的衣服，那猿猴一定会将衣服咬坏撕扯，直到完全剥光身上的衣服才会心满意足。你说，古今的异同跟猿猴与周公的不同有什么区别呢？

从前，美女西施因为心口疼痛而皱着眉头在邻里行走，同乡的丑女看到西施这样很漂亮，回去以后也捂着自己的胸口皱着眉头在邻里行走，乡里的富人看见了，在家闭门不出，穷人看见了，也赶忙带着自己的妻子儿女跑开了。那个丑女只知道皱着眉头好看，却并不知道皱着眉头好看的原因。实在是可惜呀，你的夫子因为不明白这样的道理，所以他出去一定会遭受困厄啊!"

《庄子·外篇·天运》

孔子行年五十有一而不闻道

　　孔子已经五十一岁了，还没有领悟大道，于是他决定到南方的沛地见老聃。

　　老聃说："你来了！我听说，你是北方的贤人，你也得道了吗?"孔子说："还没有得道。"老子说："你是怎样去寻求大道的呢?"孔子说："我通过礼义法度去寻求大道，求了五年都没有求到。"老子说："你还怎样寻求过大道呢?"孔子说："我还通过阴阳的变化寻求过大道，然而，追寻了十二年仍然是毫无所得。"

　　老子说："是这样的，大道如果可以进献，那么人们都会将它献给自己的君主；大道如果可以奉进，那么没有人不会不把它奉献给自己的亲人；同样，如果大道可以通过语言告知别人，那么所有人都会将它告诉自己的弟兄；如果大道是可以给予别人的，那么所有人都会把它留给自己的子孙

——但是，这一切都不可以。究其原因，其实也没有什么特别的，心中没有接受大道的诚意，大道就不会进入你的心里；自己流露到外面的德性如果不合于道，就不会被别人接受，也更加行不通。由自己内心流露出来的东西如果不能得到外界的认可，那圣人就不会将它拿出来；同样，从外面世界进入自己内心的东西，如果自己心中没有认可，那么，圣人也不会把它留在自己的心中。

名声，是天下人共同争夺的东西，一定不能贪求；仁义，在前代的帝王看来，只是暂时可借住一宿的茅屋，而不能长久待在那里。古代的得道之人往往将仁义看作自己暂时的寄身之处，他们常常遨游于自由自在、无拘无束的境地，生活简单，毫不奢侈，将自己放在从不施予的境地。无拘无束便是逍遥，生活简单便容易养活，从不施予便不会受到损害，古代将这种情况叫做保持内真的遨游。"

"认为贪图财富正确的人，不会让出自己的利禄；认为成名显达重要的人，不会牺牲自己的名声；喜欢权利的人，不会授人以权柄。掌握了利禄、名声、权利的人便唯恐丧失这些东西，而终日感到不安，但如果让他们放弃呢，又会痛苦不堪，于是心中没有一点识鉴，眼睛永远只盯着自己全身心所追求的东西——这可以说是受到上天刑戮的人。怨恨恩惠、索取、施予、劝谏、教化、生养和杀戮等等，都是治理百姓、使他们行于正道的工具，只有那些能够遵循自然变

化而无所滞涩的人才能够运用这样的工具。因此说，所谓正，就是指内心的端正，假如内心不这样认为，那么真理之门便永远也不会打开。"

《庄子·外篇·天运》

孔子见老聃而语仁义

孔子去拜见到老子，谈到仁义的问题。老子说："播扬谷糠时糠屑进入眼睛，就会觉得天地四方的位置颠倒了；蚊虫叮咬皮肤，就会让人一整晚都难以入睡。仁义对人的伤害更是厉害，它使我的内心感到烦乱，扰乱事物本性没有比它大的了。你想要使天下百姓不丧失他们朴实无华的本性，首先，便要让自己顺应自然的本性行事，秉持自然的德行立于人世中。而全力宣扬仁义，就好像背着大鼓去追逃亡的犯人，这样的努力终归是与自己的初衷背道而驰啊！

鹤不用洗澡却天天都是洁白的，乌鸦不用染黑却自然乌黑，黑和白，都是自然本色，不必去分辨谁美谁丑；那么，名声和荣誉之类的东西，便更不值得播散和传扬了。泉水干涸了，鱼儿一起偎依在陆地上，吐着唾沫相互湿润，与其这样，倒不如待在大海之中，彼此忘记来得自在。"

孔子见过老子回来，三天没有说什么话。弟子们问他说："夫子，您见到老子后，规谏了些什么呢？"孔子说："我现在才可以说是见到真正的龙了啊！龙实在是变幻莫测，合在一起的时候浑然一体，分开时便散成美丽的花纹，乘着云气遨游于天地之间，我惊讶地张着嘴巴一句话都说不出来，更不要说规劝老聃了。"子贡说："既然这样，那么人本来就有居处安静而精神活跃，沉默不语而又胜过有言，动如天而静如地的吗？我可以亲自去看一下吗？"于是，他便借着孔子的名义去拜见老子了。

老子端坐在堂上，小声对子贡说："我的年纪已经老迈了，你有什么要规劝我的吗？"子贡说："三皇五帝治理天下的方法不同，然而，他们美好的名声都是一样的，而唯独先生您不认为他们是圣人，这是为什么呢？"老子说："年轻人，你稍稍往前走一走，我说给你听，你为什么说三皇五帝治理天下的方法不同呢？"子贡回答说："尧禅让给舜，舜禅让给禹，禹用力治水而汤却用武力征伐，文王顺服纣王而不敢有所违逆，武王却起来讨伐纣王而不肯顺服，所以说他们的治理之道各不相同。"

老子说："年轻人，你再稍微靠前一些，我告诉你三皇五帝是如何治理天下的。黄帝治理天下，使天下人心都复归纯朴，百姓有谁死了双亲，即使不哭泣人民也不会加以非议。尧治理天下，使天下人民心中有了偏私，百姓敬重双亲依照亲疏而有了不同，人们却也不会非议。舜治理天下，百姓开始心存竞争，怀孕的妇女十个月生下的孩子，五个月不到就能张口说话，还不会笑就已懂得区别自己和别人，于是人就开始夭折了。禹治理天下，使民心变诈，兵戈之事也成了理所当然，诛杀盗贼也不算是杀人，人们各树派别横行天下，所以天下的百姓大为惊恐，儒家和墨家等学派纷纷兴起，开始的时候还有伦理，而现在的妇女，还有什么好说的呢！

我实话告诉你吧，三皇五帝治理天下，名义上是治理，实际上这最容易导致祸乱！三皇五帝的智慧，在上遮蔽了日月的光辉，在下损害了山川的性灵，中间则毁坏了四时的运行，他们所谓的智慧，比毒蜂和鲜规（兽名）都要狠毒，他们所谓的治理，使百姓连自己的性命都不得安定，然而他们还自以为是圣人，不可耻吗？怎么能这么无耻啊！"子贡听了，局促地不知道说什么才好。

《庄子·外篇·天运》

孔子谓老聃

孔子对老子说:"我研究《诗》、《书》、《礼》、《乐》、《易》、《春秋》六经已经很久了,觉得自己已经完全掌握了这些经典的意义。然而,我用它们去劝说七十二国的君主,跟他们讲论先王治国的道理,告诉他们周公、召公的事迹,却没有一国的国君采用我的主张,看来要让君主接受治国的大道实在是难啊。"

老子说:"幸好这些君主都没有采纳你的主张。因为六经只是先王留下的陈旧鞋印子,并不是那个踩下鞋印的鞋子!现在你所讲说的这些东西就好像是鞋印。鞋印是鞋子踩出来的,它本身并不是鞋子啊。鹢(yì)鸟雌雄相对,只要眼睛相互注视就可以成孕;有一种虫,雄的在上鸣叫,雌的相合便能成孕;更有一种叫类的兽,一身兼有雌雄两性,所以自己本身就能成孕。本性不能变易,天命不可改变,时间运转不可停止，大道也不可雍滞，如果领悟了大道，那便没有什么行不通的，如果大道不通，也便没有事情能够行得通。"

孔子回来后，三个月没有出门，之后又去见老子，说："我已经明白大道了。乌鸦和喜鹊孵化而生，鱼以口沫相濡而受孕，细腰蜂不交不产而化育桑虫为己子，有了弟弟，哥哥便害怕失去宠爱而啼哭。我真是太久没有和造化为友了，不和主宰万物的造化为友又怎么能够感化他人呢？"老子说："可以了，你已经领悟大道了呀。"

《庄子·外篇·天运》

河伯与北海若

　　秋天到了，河水都汩汩地涨了起来，大大小小的上百条河流浩浩荡荡地朝大海奔流而去，波涛汹涌，两旁的河岸都变得模糊不清。河伯看自己如此气势磅礴，非常得意，喜滋滋地认为天下的美景都集中到自己身上了。于是，他就顺着流水往东走，一直到了北海。朝北海东面望去，只见一片渺渺茫茫、水天迷蒙的景象，根本看不到海的边际。河伯禁不住惊讶地变了脸色，朝着北海若感叹道："俗话说，'听得道理多了，就认为没有比自己更强的人了'，说的就是我这样的人啊！以前我曾听说过有人藐视孔子言论，也看不上伯夷义行，开始我还有些不信，现在我看到你这么无边无际，如果不是我亲自来这里看到的话，我也是不会相信的，那样的话，我真是要永世被那些得道之人耻笑了。"

　　北海若说："井底的青蛙，你不能对它讲大海怎样，因为它只局限在自己的一小片栖息之地，没有大海的概念；夏天生长的虫子，你不能跟它讲冬天的冰怎样，因为它的生命只存在于夏天那一段短短的季节，没有时令的分别；同样，对于孤陋寡闻的人，你也不能跟他谈论大道，因为他的头脑已经完全被一套世俗的理论所套牢，根本不能接受大道。现在，你从局限你自己的地方走出来，看到了真正的大海，所以才能够知道自己的狭隘，现在可以和你谈论真正的大道了。

天下的水域，没有比大海更广阔的了，所有的小溪小河最后全部都会流入大海，但我们仍然不知道大海什么时候才会被注满。海水从大海的排水处泄走，也不知道何时才能枯竭，无论春秋还是水旱，大海几乎都不受什么影响，它的水量远远地超过了江河湖海的水量，无法计数。然而，我也并未因此而骄傲，天地给了我形体，赋予了我阴阳二气，我在天地之间，只不过就像那小石头、小木枝在大山里面一样，我只觉得自己的渺小，又怎么会自满呢！

四海在天地之间，难道不也正像蚁穴在天地之间一样吗？中国在四海之内，不正像小米粒在大仓库中一样吗？世间有数不清的万事万物，人只不过是其中的一种，人类聚居于九州之内，靠吃粮食而维持生存，依靠车马而通行，而个人又仅仅是这人类中的一个，用单个渺小的人和万物相比，不正像拿一根小小的毫毛和整个马的身体相比吗？五帝相继禅让，三王争相为王，仁人忧虑的，贤能之士劳心牵挂的，大多都是些毫不足道的微小之事啊。伯夷辞位为自己赢得名声，孔子到处宣扬治国之道显示自己的广博，他们都以此觉得自己了不起，这难道不正像之前认为自己水多而洋洋自得的你自己吗？"

河伯说："那么，我将天地看做是大，将毫毛的末端看做是小，这样可以吗？"北海若说："不行啊，天下万物的数量无穷无尽，时间无休无止，尊卑贵贱无法预料，始终都在变化之中。因此，有大智慧的人观察天地万物，不会因为它小就认为它少，也不会因为它大就认为它多，因为他们知道，事物的数量是无穷无尽的；察明古今，不因为时间遥远就觉得厌倦，也不因为近在咫尺就祈求盼望，因为他们懂得时间是无始无终的，深刻了解了事物盈亏的道理。因此，得到了不会喜悦，失去也不觉得忧愁，因为他们明白事情的得失也总是变动的；通晓生死变化的道理，生并不觉得就是喜悦，死也并不认为就是灾祸，因为他们知道生死终究不是固定不变的。如果计算一下一个人所知道的知识，那一定比不上他所不知道的多，他活在世上的时间，也不会比他不在世上的时间长，想要用小的智慧和短暂的生命去完全了解无边无际的领域，最终就会迷惑混乱而无所得。照此看来，又怎么知道毫末就可以作为最细小东西的标准，天地就可以代表至广至大的领域呢？"

何伯说："世上的人都说'最小的东西没有形体，最大的东西不可测量'，真的是这样吗？"北海若说："从小的东西看大的东西是无法穷尽的，从大的东西来看小的东西也是难以分明的。精是小的事物中最小的，郛（fú），是大的事物中最大的，他们的不同是势所必然。精粗是基于事物有形的区别，无形的东西，没法用数量将它分开计算，不可测量其大小的东西，也无法用数量将它表示。可以用语言表达的，是事物比较粗略的部分，可以通过意义传达的，是事物比较精细的部分，至于那些既无法用语言表达，又无法用意义传达的，就不限于精细粗大了。

因此，圣人做事，不会有害人之心，也不会称赞仁义，行为举止不为名利，不会看不起家奴，不会谋求财货，也不会主动将财货让给别人，行事既不依靠别人也不会赞赏自食其力，不鄙视贪污行为，也不会觉得行动不合常规怪异，行为随从大众又不卑贱谄媚，高官厚禄不觉得志得意满，刑戮耻辱也不觉得遭受屈辱，他们知道事情没有一定的是非标准，大小也没有具体的判定尺度。这样的话，'真正得道之人不求闻达于世，真正的道德之士不会斤斤于所得，大人忘掉自己，无悲无喜'，这大概就是抛弃标准的极致吧。"

河伯说："物体之外，物体之内，如何区分事物的贵贱，如何分别事物的大小呢？"北海若说："从大道的观点来看，事物并没有贵贱的区别；从物自身来看，都以自己为贵而相互轻贱；从世俗常人的眼光来看，贵贱都不取决于自己。从事物有差别的一面来看，如果认为它大，那万物都大，如果觉得它小，那万物都是小的，明白了天地就像米粒那么小而毫毛就像泰山那么大，那么事物之间大小的对比和差别就很明显了。从万物功用的一面来看，如果只从其有用的一面来看，那么万物都是有用的，如果从其没用的一面来看，那么万物也都是没用的，明白事物可以有正反两个不同的方面，并且这两面相互依存，那么事物的功效和本分就很明确了。从事物的发展趋向来看，顺着万物值得肯定的一方面去看，那么万物都是正确的，如果顺着万物遭受否定的一方面去看，那么万物都是错误的，连尧、舜都认为自己正确却将对方看成错误，可见人们判断是非都是以自己为标准的。

从前尧和舜通过禅让而称帝，而燕王哙和子之却因为禅让而灭亡，商汤和周武王通过武力夺取天下，白公胜却因为争夺天下而灭亡。由此看来，争夺和禅让的做法，尧舜和夏桀的行为，他们的成与败、贵与贱都是因时而异的，并不固定。栋梁之材可以用它来攻城，却不能用来塞住蚁穴，这是说它的功用不同。骏马可以一日千里，然而如果用来捕捉老鼠，却并不如黄鼠狼和野猫，这是因为他们的技能不同。猫头鹰晚上能捉跳蚤，能看清楚极其细微的东西，然而白天，即使张大眼睛都难以看清楚山丘那么大的东西，这是因为物性的不同。

有人说，'为什么不效法对的抛弃错的，效法治理得好的而抛弃混乱的呢？'这还是因为不明白天地间事物变化的实际情形和道理啊，这就好像是效法天而不管地，效法阴而不管阳，显而易见是行不通的，但是还是有很多人坚持这样认为，这样的人，不是愚昧就是虚妄。帝王间的禅让，三代间的继承都是各不相同、因时而异的。不合时宜、违逆习俗的，人们就称他们为篡逆之徒，合乎时宜、顺应世俗的，人们就称呼他们为义士。安静一点吧，河伯，你怎么能够知道贵贱的道理，小大的区别呢？"

河伯说："那么我应该做什么？不应该做什么？对于事物的推辞、接受、取向和舍弃，我究竟应该怎么办呢？"北海若说："从道的角度来看，什么是贵什么是贱？它都是反复无常、变动不固定的，不要拘束你的心志而与大道背离啊。什么是多什么是少，也是不断发展变化的，不要固执己见与大道乖违啊。有时候态度庄严，就好像一国的君主，不会对人民有所偏私；有时候悠然自得，就好像在祭祀，对祭拜之人也没什么偏袒。胸怀要像天地四方那样宽广无边，没有界限，包容万物而无私心。万物都是一样的，哪里有什么长短之分呢？大道没有终始，万物有死有生，因此，成功同样不可依靠。万物运转，盈虚消长，失去的时光难以追寻，始终在周而复始地变化，明白了这个道理，才能够谈论大道，研讨物理。万物的生长就好像马儿奔驰，无时无刻不在

发生变化，应该做什么，不做什么，其实只不过顺应事物自身的变化罢了。"

　　河伯说："那么，明道有什么好处呢？"北海若说："明白大道的人就能够明白事理，明白事理就能够懂得权变，懂得权变就能够让自己不被外物所伤。真正有道德的人，大火不能烧死他，大水不能溺死他，寒暑伤害不到他，野兽也攻击不了他。这并不是说他靠近它们都能免受伤害，而是因为他能够事先体察到危险，无论是福是祸，都能静心面对，谨慎地对待去留，这样就没有什么能够伤害到他。因此说，'天性深藏于内心，人的东西表现在外面，道德还在于随顺自己的天性。'因此明道的人可以明白天人的行事，顺天应命，悠然自得，进退自如，由此回归事物的本相，谈论大道。"

　　河伯问："什么是天然？什么是人为？"北海若说："牛和马都有四只脚，这就是天然，将马的头络起来，将牛的鼻子穿起，就是人为。因此说，不要用人为去毁坏天性，不要有心去损害万物的生命，不要因贪得无厌而丧失本心，守住自己的自然本心不丧失，这就叫做返归纯朴与天真。"

　　　　　　　　　　　　　《庄子·外篇·秋水》

夔怜蚿，蚿怜蛇

独脚兽夔（kuí）羡慕多脚的蚿（xián），多脚的蚿羡慕没有脚的蛇，没有脚的蛇羡慕无形无相的风，无形无相的风又羡慕能看到万事万物的眼睛，能看到万物的眼睛羡慕能思考的心灵。

夔对蚿说："我用一只脚蹦蹦跳跳地行走，自己觉得没有什么比我这样行走更简便的了。我不明白，你同时使用那么多的脚去行走，究竟是怎么使用它们的呢？"蚿说："不是这样的，你没有见过那吐唾沫的人吗？吐出来的唾沫大的如同珠子，小的就好像云雾一样，纷杂错乱一起而下的不可胜数。现在，我只是按照自己的天性使用自己的脚而已，并不知道它们为什么会这样行走。"

蚿对蛇说："我用许许多多的脚行走，却比不上你没有脚走得快，这是为什么呢？"蛇说："我们的天性是这样，又怎么能够改变呢？我又哪里需要脚呢？"

蛇对风说："我扭动自己的身躯行走，还有点像用脚走路的样子，现在，你呼呼地从北海刮起，又呼呼地吹入南海，根本无形无相，为什么呢？"风说："是这样。我呼呼地从北海刮到南海，然而，人们只要伸出一根手指，我就会受到阻碍，人们逆风踢我，我也会受到阻挡。不过，虽然这样，拔出大树，摧毁房屋，也只有我才能做得到，虽然我胜不过小的东西，却能胜过大的，从大处获得胜利，只有圣人才能够做到啊。"

《庄子·外篇·秋水》

孔子游于匡

孔子到卫国的匡地去游历，卫国人将他层层包围起来，孔子却仍然不动声色地弹琴唱歌，没有丝毫间断。

子路来见孔子，说："夫子啊，卫国人已经将我们包围了，您为什么还这么高兴呢？"

孔子说："你过来，我说给你听。我心中担心先王的治理之道不能实行已经很久了，结果却免不了这样，这是命啊；我祈求大道通达也已经很久了，但结果仍然不能实现，也是时运如此啊。在尧、舜的时代，天下没有不得志的人，这并不是因为那个时候的人都聪明能干；在桀、纣的时代，天下没有通达的人，也并不是因为那时候的人都冥顽不灵，实在是形势如此啊。在水上行船却不躲避蛟龙，这是渔夫的勇气；在陆地上行走却不躲避猛虎，这是打猎人的勇敢；刀剑横在眼前却能够视死如归，这是壮士的英武；懂得穷困和通达各有命数，各有时间，面临大的患难而无所畏惧，这就是圣人的明达。子路啊，你去吧，我的一切都早已是命中安排好的了，还有什么好忧虑的呢!"

过了不久，一个领兵的军官走过来，对孔子道歉，说："我们误以为您是阳虎，所以将您围了起来，现在弄清楚您不是，我们向您道歉。"然后马上就撤兵离开了。

《庄子·外篇·秋水》

公孙龙问于魏牟

公孙龙对魏牟说："我从小学习先代帝王的治国之术，稍微年长一些便明白要施行仁义礼智的道理，也具有了很强的辩论能力。别人认为不对的，我可以说成是对的，别人认为不可以的，我能够说成可以，能使百家的辩士困窘，能让辩论的众人理屈词穷，我认为自己已经做到辩论的极致了。然而现在，我听到庄子的言论，却觉得茫茫然不可思议，不知道究竟是我辩论的本领不如他呢，还是我知道的东西没有他多？现在我已经不知道说什么好了，请问这其中的原因是什么？"

公子牟靠着几案叹息一声，仰天大笑，说："你没有听说过浅井中的青蛙吗？它对东海中的大鳖说，'我真的很快乐！出去的时候就在井栏边腾跃跳动，进入井中就在砖砌的井壁上休息，在井水中，水承托着我的腋窝和面颊，在泥巴里，泥巴才盖住我的脚背，其他小虫、螃蟹与蝌蚪都不能跟我相比。我独自一人霸占着一个井中的水，享受着盘踞整个浅井的乐趣，我认为我已经达到享受的极致了。你为什么不常常来看看我呢?'

东海之鳖于是打算到井中看看它，然而，它的左足还来不及完全放进去，它的右膝就已经抵到井壁了，于是只好慢慢地从井中退出来。随后，它将大海的样子告诉了井中的蛙。大海非常广大，千里之远不足以形容大海的广大，千仞的高度不足以描绘大海的幽深。大禹时代，常常十年有九年都是洪水，然而大海从来没有满得溢出来过;商汤的时候，八年有七年都在干旱，然而，大海的水位也并未因此就降低。它从不因为时间的暂时或者久远而起丝毫的变化，不因为降水量的多少就影响到水位的上升或下降，这就是东海最大的乐趣。浅井中的青蛙听了，大惊失色，茫然自失，不知如何是好。

同样，对于你自己而言，你的智慧还不能让你明白是非，就先要评判庄子的言论，这就好像让蚊子背山，让小虫遨游大海一样不可能;你的智慧还没有到达探讨高深奥妙言论的地步，却经常逞一时口舌之快与人辩驳，这不是和我们刚才说的浅井之蛙相类似吗? 庄子的言论下到黄泉，上及天宫，没有南北，四面通达，深入到不可探测的地步，没有东西，开始于天地未成之初的混沌，最终回归于大道。而你却不辞辛苦地想通过自己的一些小聪明了解它，想用自己的雄辩驳倒它，这就好像要用一支细小的管去看天，用锥子来测量大地，岂不是太愚昧了吗？你还是快回去吧！你听说过寿陵的一个少年到邯郸去学习走路的故事吗？后来，他不仅没能学到赵国人走路的绝技，反而连自己原来怎么走路也忘记了，所以最后只能狼狈地爬回去。现在你如果还不离开的话，你也将要忘记你自己原来的东西，失去你赖以生存的事业了。"

公孙龙惊讶地连话都说不出来，只好偷偷地逃走了。

《庄子·外篇·秋水》

庄子钓于濮水

庄子在濮（pú）水旁边钓鱼，楚威王派了两位大夫去向庄子传达自己的旨意。他们对庄子说："大王想把国事委托给您。"庄子听了，拿着自己的鱼竿头也不回地说："我听说楚国有一只神龟，已经死去三千年了，现在被楚王拿贵重的丝巾包裹，装在精美的盒子里在庙堂上供奉，你们说这只神龟是宁愿死去被尊贵地供奉起来呢？还是愿意在烂泥巴里面自由自在地活着？"两位大夫异口同声地说："宁愿自由自在活着在烂泥巴里地爬行。"庄子听了，说："好了，你们回去吧，我也愿意自由自在地在烂泥巴里活着。"

《庄子·外篇·秋水》

惠子相梁见庄子

惠施做了梁国的宰相，庄子听说了，便去看望他。有人跑来对惠子说："庄子来了，他想要代替你做宰相呢！"惠子听了，心里便惴惴不安起来，在他的国家一连搜寻了庄子三天三夜。

庄子听说了，去拜见惠子，他对惠子说："南方有一种鸟，名字叫做鹓鶵（yuān chú），你知道吗？鹓鶵往往从南海起飞，一路飞往北海，不是梧桐树它就不会在上面栖息，不是竹子的果实它就不吃，不是甘美如醴的泉水，它就不会饮。然而这时，一只猫头鹰正好得到了一块腐烂的老鼠肉，它仰头看到鹓鶵飞过来，便害怕鹓鶵来和它相争，于是大叫了一声，'吓'！现在，你也要为了保护你的梁国而对我大叫一声'吓'吗？"

《庄子·外篇·秋水》

濠梁之乐

　　庄子和惠子一起在濠（háo）梁的桥上游玩，庄子说："你看，小鱼儿在水中自由自在地游来游去，多么快乐啊！"

　　惠子听了说道："你又不是鱼，你怎么知道鱼是快乐的呢？"

　　庄子说："你又不是我，你怎么知道我不知道鱼儿很快乐呢？"

　　惠子说："我不是你，当然不了解你，但是你自己也不是鱼，所以你也不知道鱼的欢乐。"

　　庄子说："请追溯到我们谈话的开始，你说'你怎么知道鱼的快乐'，也就是说你已经知道鱼是快乐的所以才这样问我，那我告诉你，我是在濠水的桥上知道的。"

《庄子·外篇·秋水》

庄子鼓盆而歌

庄子的妻子死了，惠子前去吊唁，一进门便看到庄子伸开两腿坐着，一边叩击瓦缶一边唱歌。惠子说："你的妻子从跟你结婚，到生儿育女，到经历疾病的折磨而离开人世，多么艰难的一生，你不哭也就罢了，为什么还要击缶而歌呢？你这样做难道不觉得自己太过分了吗？"

庄子说："不是这样的，她刚死的时候，我怎么可能什么感触都没有呢？然而后来想到，在她出生之前，本来就是没有她的生命的，不仅没有生命，连她的形体也是不存在的，不仅没有形体，连组成她形体的各种元素都没有。后来，在恍恍惚惚的混沌中，慢慢地开始有元气，元气又慢慢地变化成形体，形体逐渐形成生命，最后，生命又通过死亡重新回到空无，这和春夏秋冬四季的变化是差不多的。现在，既然她已经安安心心地回到她的本来之处——大自然，如果我还悲痛地为她的回归而哭泣的话，岂不是太迂腐不通了吗？所以，我不会为她哭泣的。"

《庄子·外篇·至乐》

支离叔与滑介叔观于冥伯之丘

支离叔与滑介叔一起在冥伯的山丘、昆仑山等处游览，这都是黄帝曾经待过的地方，忽然，滑介叔的左肘上生出了一个瘤（liú）子，他显得有点惊讶不安，好像是讨厌这个瘤子的样子。

支离叔说："你讨厌这个瘤子吗？"滑介叔说："不是，我有什么好讨厌的呢？生命只不过是暂时寄寓在形体之中罢了，而人身上长出来的别的东西，就只像尘埃一样，根本无足轻重。生死的递变就好像昼夜的交替，我本来就是和你一起出来观看自然造化的，现在，既然自然的造化在我身上显现出来了，我又有什么好厌恶的呢？"

《庄子·外篇·至乐》

庄子对话骷

庄子到楚国去，在路上看见一个枯干的骷髅（kū lóu）头，上面连一点血肉都没有了，不过还是人头的形状，他便顺手用鞭子抽打了一下，对骷髅说："你是因为贪图苟活丧失天理而死的吗？还是因为遭遇了亡国变种的危急，受到斧钺的刑罚而死的呢？是因为做了邪恶的事情害怕殃及父母子女而死的？还是因为受到寒冷逼迫的痛苦而死的？又或者是你年纪老迈，受疾病折磨而死？究竟是如何成为现在这样的啊？"说完便拉过骷髅头，枕在头下睡着了。

半夜，庄子梦到骷髅头来到他面前，对他说："从言谈来看，你好像是一个能言善辩的人，然而，听你说话的内容，却都在讲人生在世的负累啊，人死了就不必要再忍受这些了，你想要听我说说死亡是怎么回事吗？"庄子说："好啊。"骷髅头说："死了以后，在上没有君主，在下没有臣子，不再有四时农事的辛劳，可以从容自得地生活，与天地一样长寿。我想，即使做帝王，其快乐也不过如此罢了。"庄子不相信，就对骷髅头说："如果我让掌管生命的神灵恢复你的形体，让你能够长出新的肌肤血肉，然后再把你送回到你父母、妻子、邻居和旧相识的朋友那里，你愿意吗?"骷髅听了，紧皱眉头，说："我为什么要放弃我君王一般的快乐而回到人间，再受尘世的痛苦呢?"

《庄子·外篇·至乐》

颜渊东之齐

颜渊要到东边的齐国去，孔子露出忧虑的神色。子贡看到了，从自己的位子上站起来，问孔子说："弟子想请问夫子，颜回准备到齐国去，您却显得忧虑，这是为什么呢？"

孔子说："你问得好啊！管子曾经说过这样的话，我非常赞同。他说，'袋子小了就不能容纳大的物件，绳子短了就不能汲取深井之水。'这是因为，万物都有其自身的性命轨迹，其形体也有自身的适宜对象，这是丝毫不可以更改的。我担心颜回只是一个劲儿地跟齐国的国君宣讲尧、舜、黄帝的治国之道，再加上燧人氏、神农氏的言论，齐君听了必然会以这样的标准要求自己，但是他自己又做不到，做不到就会心生疑惑，一旦心生疑惑，那颜回的处境就岌岌可危了。

况且，你没有听说过吗？从前有一只海鸟飞到鲁国的郊外，鲁国的君臣将它迎回来并且放在庙堂用美酒招待，为它奏《九韶》的雅乐让它快乐，并且用祭祀用的猪、牛、羊肉来喂养它，鸟儿看得眼花缭乱，心里又害怕，不敢吃一块肉，不敢喝一杯酒，过了三天就死了。这是因为他们用养自己的方法去养鸟，而不是用养鸟的方法去养鸟。如果用养鸟的方法来养鸟，那么应该将鸟放还到树林深处栖息，让它们在水中的小洲上自由自在地游玩，在江湖上无拘无束地漂浮，吃着虫子和小泥鳅，随着自己同伴的队伍或飞或停，从容自得地生活。

鸟儿本就不喜欢听到人的声音，为什么还要在它面前那么喧闹呢？在洞庭的旷野上演奏《咸池》和《九韶》这样的雅乐，鸟儿听到了会惊恐地飞走，野兽听到了会害怕地跑开，鱼听到了会潜入水下，只有人听到了才会聚在一起慢慢地欣赏。鱼儿在水中才能生存，而人在水中却会被淹死，鱼和人一定是不一样的，那么，他们所喜好和厌恶的也必然不尽相同，因此说，先代的圣人并不要求统一人们的才性，不强求人们做同样的事情，名称要附着在事物的实际情形之上，义理也要符合人的自然性情，这就叫做条理通达而福运绵绵。"

《庄子·外篇·至乐》

子列子问关尹

列御寇对关尹喜说："至人潜入水底不会感觉窒息，行走在烈火中感觉不到炎热，甚至在高于世间万物之上的地方行走，也不感到害怕，为什么他们竟然能够做到这样呢？"

关尹喜说："这是因为他们始终持守着自己纯一的元气，与机智和勇气之类的无关。你过来，我详细地说给你听。凡是有形貌、颜色、声音的东西，都是物体，那么，同样是物体，为什么一个物体和另一个物体相差那么远呢？万物如何才能够回到没有物体之前的至虚境界呢？它们原本都是被声色形象限制的东西罢了。真正的大道没有开始，没有结束，无形无相，是永恒如一的，而能了解这一道理的人，万物也就再也无法干扰他的内心了。他做任何事情都不会太过分，身心万物与无首无尾、无边无际的人道合而为一，悠然自得地遨游于万物生死变灭的边缘。努力让自己的性情越来越纯正专一，经常涵养体内的气息，让自身的德性与外物相合，和天地万有的造物主相通，能够这样做的人，我们就说他的天性得到了完满的保存。他的精神对外没有一丝一毫的空隙，因此外物也就不可能进入他的心中。

譬如说喝醉酒的人，他从马车上掉下来，虽然可能会摔伤，但是也不会摔死，他骨节的生长原本是和别人一样的，然而受到的伤害和一般人不同，这是因为他的精神是完整的。自己乘着车的时候不知道自己乘着车，自己从车上掉下来又不知道自己从车上掉下来，生和死的恐慌从来就不在他们的心里，因此，就算他们与外物相抵触也不会受到惊吓。那些喝醉酒的人，靠着自己的神全就能够这样保存自己的身体，更何况是那些通达了天道无为的规律而能够养性全身的人呢？

圣人藏身于自然的天道之中，所以，没有什么东西再能够伤害到他，即使复仇心重的人也不会折断莫邪和干将这样的宝剑，嫉妒心强的人也不会埋怨由于风吹而掉落下来的瓦片。因此天下和平安宁，不会有什么攻伐、战乱，不会有杀戮和刑罚，就是因为顺应了自然的无为之道。不要开启人的情欲的枢纽，而要开启人的天性之门，天性之门开启的人就会拥有德性，情欲枢纽启动的人则会日益败坏。时常努力保全自身的天性而不感到厌倦，不放弃人的本能需要，这样人们大概就能够返璞归真了。"

《庄子·外篇·达生》

仲尼适楚

　　孔子要到楚国去，刚刚从一片树林中走出来，就看到一个弯腰曲背的老人在捕蝉，老人捕蝉动作非常敏捷灵巧，就好像直接用手捡起来一样轻松。孔子看到了，就对捕蝉老人说："您能够这么轻松地捕蝉，是因为灵巧吗，还是这中间有什么大道呢？"

　　捕蝉老人说："有大道在这其中啊！在竹竿头上叠放两个小球立着不让它掉下来，这样一连练五六个月，捕蝉的失误就不会很多了；竹竿头上累放三个小球而不掉下来的话，那么捕蝉时候失误也就只有十分之一了；如果在竹竿头上累积五个小球而不落下来的话，那捕蝉就好像从地上捡起来一样轻松自在。我像树桩那样站稳自己的身体，手臂伸出来就好像枯木的树枝一样一动不动，天地虽然很大，万物虽然无穷，但我的眼中只有蝉的翅膀。我的身体纹丝不动，心无二念，外物的纷繁复杂都无法影响我心境的专一，这样还担心捕不到蝉吗?"孔子听了，对他的弟子说："自己的心志专一而不分散，聚集起来的精神就可以通神，这说的就是这位弯腰曲背的捕蝉老先生啊!"

《庄子·外篇·达生》

颜渊问于仲尼

　　颜回对孔子说："我曾经坐船经过一个叫觞深的水潭，看到渡口那个驾船的人开船技术非常娴熟，就像神人在开船一样，我问他说，'你这驾船的技术可以学习吗？'他说：'可以，善于游泳的人学习几次就能够学会了，如果是能够潜水的人，那么即使他从来没有见过船也可以熟练地驾船。'我问他这是为什么，他却没有告诉我，请问您这是为什么呢？"

　　孔子说："善于游泳的人学习几次就能学会驾船，那是因为他忘记了水可以危及人的生命这回事；至于说懂得潜水的人，他们即使从来没有见过船，也同样可以熟练地开船，那是因为对他们来说，水就好像是丘陵一样，在水中翻船就好像在陆地上翻车一样。不管是什么原因，也不管是用什么方式，即使翻船一千次，都不会有恐惧等情绪进入他的内心，这样的话，他又怎么可能开船开得不从容自得呢？

用廉价的瓦片做赌注的人就会心思活跃灵巧，但是用钱币做赌注的人就会有畏惧之心，用黄金作为赌注的人，他的心思根本就是一片混沌。赌博的技巧本来是相同的，但是如果有什么是你特别看重的话，那你的心思就会被这些东西干扰，而你，也会逐渐变成一个注重外在的人，凡是过于注重外在的人，内心就一定不会灵活，一定比较笨拙。"

《庄子·外篇·达生》

田开之见周威公

田开之去拜见周威公，威公说："我听说祝肾在学习如何养生，你跟随祝肾学习养生之道，学习到什么东西了吗？我想要听一听。"田开之说："我只不过是一个打扫门庭的，又哪里听过什么养生的大道呢？"

威公说："你千万不要谦虚，我真的想好好听听。"田开之说："我听到夫子说过，'善于养生的人，就好像是好的牧羊人，看到落在后面的羊，就用鞭子驱赶它们，这样才能不偏不倚，始终保持队伍的完整一致。'"

威公说："这是什么意思呢？"田开之说："鲁国有一个叫单豹的人，在山岩下居住，饮用着小溪中的流水，过着隐居的生活，从不和人民争利。活到七十岁，脸上看起来是还有婴儿的神色。然而有一天，不幸遇到一只老虎，被老虎吃掉了。还有一个叫张毅的人，无论是高门大族还是贫穷小户，都争相去拜访他，然而，活了四十岁就因为身患热病而死了。相比而言，单豹善于养护自己的内心但却没料到会被老虎吃掉，张毅得到了很多名利，他的外在可谓已经非常用心去养护了，然而，四十岁被热病攻击内心而死。这两个人，都是因为没有努力去超越他们所忽略的一面，因此最终导致了悲惨的结局。

孔子说，'退下来的时候不要把自己隐藏得太深，前进的时候也不要太过张扬，只要像一根枯树枝一样，坚守住自己脚下站立的地方、不偏不倚就可以了。如果能够做到这三点的话，那么他就算得到养生的真谛了。'经过比较危险的路段，如果十个人中有一个人被杀了，那么，剩下的父子弟兄之间就会相互警告，下次出来的时候，必定要约着许多人一起才敢行走，他们这样做不是很聪明的举动吗？然而，人们所害怕的，一个是男女之事，一个是口腹之欲，但是，人类不懂得警戒自己避开它们，这样做不是太过愚昧了吗？"

《庄子·外篇·达生》

祝宗人元端以临牢

穿着黑色衣服的祭祀官来到猪圈门口，对小猪们说："你们为什么还害怕死呢？我喂养了你们三个月，为你们戒十天，斋三天，然后用白茅给你们做衬垫，准备将你们的大腿和肩部的肉放在雕花的祭祀礼器上供奉，你们还不愿意吗？"

事实上，如果是真心为猪考虑的话，那就不如让它们吃点糟糠之食然后将其关在笼中；如果是为了自己考虑的话，那么，只要活着的时候能够乘着车带着高贵的冠冕，死了之后能够放在雕花彩饰的棺椁里，就一切都愿意去做了。如果是为了猪着想，就抛弃那些白茅和有花纹的礼器，如果是为人着想，那就去获取那些冠冕和祭器，这为人和为猪之间的道理，应该有所体察啊！

《庄子·外篇·达生》

桓公田于泽

　　齐桓公在田野里打猎，管仲为他驾车，桓公说他看见了鬼，便拉着管仲的手对他说："仲父您看到什么了吗？"管仲说："臣什么都没有看到。"回来以后，齐桓公就得病了，失魂落魄，经常自言自语，几天都没法出门。

　　齐国有一个贤士叫皇子告敖，他对齐桓公说："您是自己伤了自己，鬼怎么可能伤到您呢？身体内郁结着气，精魂就会离散，而不能返回你自己身上。这样，自身就缺乏面对外界世界的各种干扰的力量。郁结之气如果上冲，人就会比较容易发怒，反之，郁结之气如果下降，人就会比较健忘，如果郁结之气在人体中间，不上不下的地方，便非常容易得病。"

　　桓公说："那么，到底有没有鬼呢？"皇子告敖说："有啊，水下的污泥中有鬼叫履，灶中有神叫髻，门户内外堆积的各种粪壤中就有叫雷霆的鬼居住其中，东北墙根下有叫倍阿、鲑蠪的神在跳跃，西北方向又有泆（yì）阳之神藏在那里，水中的鬼怪叫做罔象，山丘中的鬼叫峷，大山中有山鬼夔，郊外有野鬼彷徨，草泽中还有一种鬼叫委蛇。"

齐桓公说："请问委蛇是什么样子的鬼呢？"皇子告敖说："委蛇的身躯大得像车轮一样，长得像车辕一样，穿着紫色的衣服，带着红色的帽子，这种鬼最讨厌听到车轮如雷鸣般的声音，若不小心听到了，便用手捧着头站着，凡是见到它的人大概就是霸主了。"齐桓公听了，笑着说道："这就是我见到的那种鬼啊。"于是起床整理衣冠和皇子告敖坐在一起聊天，还不到一天，他的病就不知不觉地好了。

《庄子·外篇·达生》

纪渻子为王养斗鸡

纪渻（shěng）子替齐王驯养斗鸡。

过了十天，齐王问："鸡养好了吗?"纪渻子说："还没有，现在正是虚浮骄傲、自大而意气高昂的时候。"

十天后，齐王又问，纪渻子回答说："还不行，听见其他鸡的叫声，看到其他鸡的身影，它仍然有心理反应。"

又过了十天，齐王又来问，纪渻子回答说："不行，它还是会经常急速地环顾四周，意气强盛不下。"

过了十天齐王再次询问，纪渻子说："差不多了，别的鸡虽然在鸣叫，但已经不能引起它的内心变化了，它看上去总是呆呆的，就好像是用木头做的鸡一样没有生气，它的自然德性可以说是完备了，别的鸡已经没有敢和它应战的了，见到它往往转头就跑。"

《庄子·外篇·达生》

孔子观于吕梁

　　孔子在吕梁观赏当地的自然风光，只见那瀑布飞流直下，有三十多丈之高，水流倾泻而下，飞溅的泡沫长达四十多里，水势极为壮观，甚至连鼋（yuán）鼍（tuó）鱼鳖都无法游过去。忽然，他看见有一个人在里面游泳，以为这人一定是遇到了什么难处，所以想要跳水了结自己的生命。于是，孔子赶紧让弟子跳进水中去救人。然而，只见那水中游泳的男子游了一百多步便浮出了水面，披散着头发，边游边唱，慢慢地游到了堤岸下面。

　　于是，孔子好奇地跟过去问道："我开始看到你还以为你是鬼，细细观察才发现原来你是人，我看你在水里游得很好，请问你游泳有什么特别的方法和技巧吗？"

　　那人说："没有啊，我并没有什么特别的方法和技巧。我只是从接受我自己本来的样子开始，顺着自己的天性成长，最后得以成全于天命。随着自然的漩涡往下潜，又和上涌的波流一起浮出水面，完全顺着水流的自然之道而不人为地自作主张，违背水流的规律，这就是我游泳的方法。"

孔子说："什么叫做从接受自己本来的样子开始，顺着自己的天性成长，最后得以成全于天命呢?"那人说："我生在丘陵之地就安于丘陵之地，这就是接受自己本来的样子；我长在水边就在水边练习一系列水边生存所需要的技能，这就是顺着自己的天性成长；我不知道自己为什么这样，然而事实上却就这样了，这就是最终成全了自己的天命。"

《庄子·外篇·达生》

梓（zǐ）庆削木为鐻（jù）

　　有一个叫庆的木匠专门刻削木头做鐻，他所做成的鐻，凡是见到的人都惊讶地称其为鬼斧神工之作。鲁侯看到了，问道："你做的鐻这么完美，请问你究竟用了什么妙计呢？"

　　木匠回答说："臣只是一个工匠，有什么妙计啊。不过，虽然如此，有一点还是可以说一说的。臣打算做鐻的时候，从来不敢分散自己的精神，每次一定会让自己的心宁静下来，专心一意。斋戒三天，心中就不会有庆吊、赏罚、官爵、利禄这些事情了；斋戒五天，世上的是非、巧拙、名誉之事就不能干扰内心了；斋戒七天，就会内心静定，忘记自己还有四肢百骸了。这个时候，心中没有朝堂的礼仪，心灵极度宁静专一，外面的一切纷乱都不能干扰内心。然后走进山林，观察树木天性，看到树木的形体就想象鐻的形状，等到眼中见到的树木和心中所想的成品鐻完全吻合的时候，就把它取回来做鐻，如果不相吻合，就不用它来做鐻。用我自己的自然本性去应和树木的自然本性，这样做成的鐻，人们就会惊为鬼斧神工之作，这大概就是其中的原因吧。"

《庄子·外篇·达生》

东野稷以御见庄公

东野稷（jì）因为善于赶车而去觐（jìn）见鲁庄公，他赶的马车进退都像绳子那样笔直，向左向右旋转都像是圆规画圆那样合乎法度。鲁庄公认为，即使是善于驾车的造父也比不过他，于是又让他驾车转了一百个圈。

颜阖看到了，走到鲁庄公面前，对他说："东野稷的马车将要退败下来了。"鲁庄公不信，默不作声，过了一会儿，东野稷的马车果然退败下来了。鲁庄公问颜阖："你是怎么知道东野稷的马车会退败下来的呢？"颜阖回答说："他的马已经筋疲力尽了，但他仍然驱使它们行走，因此，他的马车肯定是要退败下来的。"

《庄子·外篇·达生》

工倕旋而盖规矩

　　工倕（chuí）用手指旋转画圆，画出来的圆能够和用规矩画出来的相合，非常精准。他的手指画出来的东西和自然界的物体非常相像，却从来不依赖心灵的考察，所以，他的心灵总是专一灵活，从来不会被过多的思虑阻塞。

　　忘记自己的脚，那么鞋子就没有不合脚的；忘记自己的腰，那么腰带就没有不合适的；忘记世间的一切是是非非，那么心灵就无往而不自由。内心静定专一不变，不随意跟随外物的变化而变化，那么，事情便没有什么不能安适的，自己的心本来就是与外物相适应的，事实上，之所以能够完全与外界的事物相适应，就是因为忘记了要去适应，所以，自然而然就会安适了。

《庄子·外篇·达生》

孙休问道扁庆子

　　有一个人叫孙休，一天，他去拜见自己的老师扁庆子，对他说："老师啊，我居住在乡间，没有人说我不好好修养自己的德行，没有人说我品行不够端正，面临灾难，没有人说我没有勇气，然而，我自己种的田地每年都收成不好，侍奉君王从来没有得到君主的赏识，乡里的人都不愿意见到我，地方的长官也要将我赶走，我究竟是哪里得罪了上天，竟要遭遇这样悲惨的命运？"

　　扁庆子说："你难道没有听说过得道之人是如何做事情的吗？他们忘记了自己的四肢百骸，忘记了自己的肝胆耳目，茫然无知地遨游于尘世之外，逍遥自得，不去人为地强行要求事业的成功，这就叫做有所作为却不自大、不认为自己有什么功劳，助长万物的生长变化并不以主宰者自居。而现在，你文饰你自己的行为，用你自以为的智慧去惊醒愚昧的人，修养自己的身心用来显示别人的污浊，你的行为都在努力地凸显你自己，就好像月亮悬挂在天上，明亮地照耀着地上晦暗的一切。这样，你还能够保全自己的身体，使你的九窍都完整具备，没有半路夭折，没有变聋、变哑、变瞎、变瘸，而能够成为正常人之中的一员，已经是你的幸运了，又哪里有时间抱怨天地的不公呢？你还是回去吧。"

孙休走了以后，扁庆子进入内室，坐了一会儿，仰天长叹起来。他的弟子问他说："先生，您在感叹什么呢？"

扁庆子说："刚刚孙休来到这里，我把得道之人的德行告诉了他，我怕他因为惊惧而更加困惑啊！"

弟子说："不会的，如果孙休所说的是正确的，先生您所说的是错误的，那么，错误的言论不能迷惑正确的言论。如果孙休所说的是错误的，先生您所说的是正确的，那么，他本来就是因为对自己错误的东西迷惑才来请教您的，您又有什么过错呢？"

扁庆子说："不是这样的，曾经有一只鸟停在鲁国的郊外，鲁君见了非常喜欢，于是便准备了祭祀时用的牛肉、羊肉、猪肉给它吃，演奏《九韶》的雅乐，希望能够让它快乐，而鸟儿却眼睛迷乱，内心伤悲，不敢吃也不敢喝，这就叫用养人的办法来养鸟。如果真的是用养鸟的办法来养鸟的话，那就应该让它在深密的树林中栖息，在广阔的江湖中飞翔，给它吃地上的小蛇，让它在陆地上生存就可以了。孙休可以说是一个见识短少、孤陋寡闻的人，然而我却将得道之人的德行讲给他听，这就好像是用马车去载小老鼠，敲钟鼓来让麻雀快乐，这样，它们又怎么能不感到惊惧呢?"

《庄子·外篇·达生》

庄子行乎山中

庄子在山中行走，看见一棵大树，枝叶长得非常茂盛，然而，伐木的工匠站在它旁边却并不将它砍走。庄子问他为什么不砍走这棵大树，木匠回答说："因为这棵树虽然很大，但实际上并没有什么用处啊。"庄子听了感叹道："这棵大树虽然没有什么用处，却因为无用保全了自己呀！"

从山中出来，庄子住到了自己的一位老朋友家里，他的朋友非常高兴，于是便让自己的仆人杀一只鹅来款待庄子。仆人问道："家里的鹅，有一只是会鸣叫的，有一只不会鸣叫，请问要杀掉哪一只呢？"主人说："杀掉那只不会鸣叫的吧。"

第二天，弟子们请教庄子说："昨天山中的那棵大树因为没有什么用处而保全了自己的生命，而主人家的那只鹅，却因为没有什么用处而被主人杀掉。先生，要是您的话，您

会如何自处呢?"

　　庄子笑着回答说:"我会处在材与不材之间。处在材与不材之间,看起来已经很好了,然而,这还不够,还不是真正的大道,因此,并不能够真正地完全免除祸患。如果能够顺应万物的自然德性遨游在虚无自由的境界,情况就会不同了。这时候,没有赞扬,也没有诋毁,立身处世像龙蛇那样,随着情形的不同而灵活变化,不会固执地持守一端,上能入天,下能入地,一切都顺应事物本身的法则,在事物产生之前的虚寂中遨游,能够自己控制万物而不是被外界的事物牵着鼻子走,这样又怎么会受到万物的牵累呢?这就是神农氏和黄帝所遵循的法则。然而,万物的情状、世俗间人世的变迁并不是这样,有聚合就必定会有离别,有成功就有失败,品行端正就会受到挫伤,地位尊贵就会招来非议,心有所为就会遭到亏损,贤能的人就会遭到别人的谋害,平庸的人又会被别人欺侮,怎么能够固执一个方面而坚持到底呢?实在是可悲啊,你们一定要记住,只有通过道德修养自己天生的德性才是正确的方向啊!"

《庄子·外篇·山木》

宜僚见鲁侯

　　家住南市的宜僚去拜见鲁侯，只见鲁侯脸上满是忧戚的神色。宜僚说："您看起来满脸忧虑，这是为什么呢？"鲁侯说："我努力学习先王的治国之道，继承和发扬先王留下的遗业，我敬重鬼神，尊重圣贤之人，经常亲近他们，并且努力践行他们的教诲，并没有丝毫的懈怠。然而即使这样，我仍然没有办法完全避免祸患，因此，我实在是感到忧虑啊！"

　　宜僚说："这是因为您消除忧患的办法仍然不够高明啊！那些肥大的狐狸和身上长满花纹的豹子，栖息在深山之中，静静地隐蔽在山岩之下，非常安静。它们往往在晚上没人的时候才出来活动，白天就躲在洞里睡觉，这是因为它们的戒备之心很严。有时，即使非常饥渴疲惫，也仍然会远远地避开市井，到人迹罕至的山林中求食，这说明它们内心的坚定，知道之所以非要这样不可的原因。然而，即使这样，仍然难以完全躲开网罗机辟的祸害，这难道是因为它们自己有什么罪过吗？不是，这只是因为它们美丽的皮毛带来的灾害。现在看来，鲁国难道不正是您身上华丽的皮毛吗？我希望君主您能够剔除自己的皮毛，忘掉自己的国家，认认真真地清洗掉自己内心的欲望，在那空虚明澈的无人之境中自由地遨游。

南越有一个地方叫做建德之国，那里的人民愚直而质朴，没有什么私心和欲望，只知道努力工作却并不知道聚敛自己所得到的财物；知道付出自己拥有的，却并不要求别人的回报；不知道按照义的要求人应该做些什么，也不知道按照礼的约束人应当如何行事，而只是一意地随顺自己内心的想法，在那至大至虚的境界中遨游。他们生存的时候非常快乐，死去以后安然埋葬。我希望您能够放下自己的国家和一切世俗的牵绊，与大道为友，同行去往这样的国家。"

鲁侯说："到那里的道路非常艰险而又非常遥远，其中还有千山万水的阻挡，我既没有舟又没有车，怎么样才能到那里呢？"宜僚说："您不要以您自己的地位为贵而看不起别人，不要总是坚持一种意见固执地不愿意加以改变。如果您能做到，那么，这些就可以作为您到达那里的车子。"鲁侯说："去那里的路上幽深寂静，没有什么人，我和谁一起呢，谁会是我的同伴呢？况且，我也没有粮食，我要怎么样才能够到那里呢？"宜僚说："减少您的花费，让您的欲望更加恬淡，这样的话，即使没有粮食也仍然是富足的。您渡过大河而漂浮在海上，向远方看去根本看不到它的边际，越往前走越不明白它的极限在哪里，这时候，跟随您的世人估计都会从岸边退回去，而您，也就可以远离这尘世的一切了。

能够掌握别人的人会很累，而那些被别人掌握的人则会忧虑异常。这就是尧既不会掌握别人，也不会被别人掌握的原因。所以，我希望君主您能够解除您身上的负累，化解掉自己的忧虑，从而能够和大道一起遨游到那广阔的无何有之乡。驾着船渡河，如果是一条空船撞了过来，即使是心胸褊狭的人也不会发怒，然而，如果有一个人在船上，那么，这条船上的人就会大声地朝对方叫喊，叫喊一声对方没有听到，再叫喊一声对方也还是没有听到，于是只好第三次呼唤，而这第三次呼唤的过程中，便一定会伴随有不友善的言辞。刚刚船上没有人的时候，此人不会发怒，然而，只要发现船上有人便大动肝火。船上无人的时候心灵处在一种虚寂的状态中，而现在船上有人了，人的内心也就充满是非和计较，变得非常质实了。如果人能够像一条船一样，让自己变得虚空无物，干干净净，那么，又有谁能够伤害得了他呢？"

《庄子·外篇·山木》

北宫奢为卫灵公赋敛以为钟

北宫奢为卫灵公募敛财物铸造编钟，首先在城门外面造起一座高台，三个月后，又造出上下两层的钟架，王子庆忌看见了，便问北宫奢说："请问先生，您想用什么办法造出编钟呢？"

北宫奢说："我只是守住纯一无为的自然之道，不敢有丝毫人为的强求罢了。我听说，'要通过不断地刻削自己身上多余的部分，才能复归于自然纯朴的境地。'造钟的时候，要保持混沌无知的样子，无所用心而目光呆滞，茫然无知又恍恍惚惚，送走要走的，迎接归来的，归来的人不禁止，要走的人也不强求，顺从那些强悍而要离开的人，也接受那些前来捐助归附的人，听任人民自便。这样，就算每天都在募捐，也不会挫伤民众的积极性，自己也会心有余裕，我们尚且能够做到这样，更何况是那些得道之人呢！"

《庄子·外篇·山木》

172

孔子围于陈蔡之间

　　孔子被围困在陈国和蔡国之间，七天都没有生火做饭。于是，太公任便前去慰问他。他对孔子说："您是不是差点死了呀？"孔子回答说："是啊。"太公任道："那你害怕死吗？"孔子说："怕啊。"太公任说："我曾经讲过不死的道理。东海上有一种鸟，它的名字叫做意怠，作为一只鸟，它并不像其他鸟儿一样展翅飞翔，而只是缓缓地在低处飞一飞，就好像不能展翅高飞一样。它援引别的鸟儿做伴一起飞翔，和别的鸟儿偎依在一起睡觉，前进的时候不敢走在最前面，退后的时候又不敢落到最后面，吃东西的时候不敢先自品尝，而只是拾取别人残留下来的食物。因此，它所在的群体都不会排斥它，而它也能够避免外物的伤害，得以保全自己。

　　笔直的木材最先遭受砍伐，甘美的泉水最先枯竭。你刻意地文饰自己的知识而让别人惊讶于自己的愚昧，你修养自己的身心却让别人看到自己的污秽，你的品行高洁，就像天空中的日月那样昭然若揭，因此难以避免这样的结局。我曾经听那些得道之人说过，'那些自我夸耀的人并没有功劳，功成之后而不懂得身退的人必定招致灭亡，名声成就的人极易招来亏损。'谁能够不在意功业和名声，并将他们归功到人民大众的身上呢？大道流行却并不刻意地显露自己，德行福泽众人却并不追求有功者的名声，保持内心的纯净、平常，这样就能做到随心所欲而无不合于道的境界。隐藏自己的行迹，抛弃自己的权势，不再为那些功名利禄而奔忙，这样，就能避免再受旁人指责，自己也不会轻易去责备别人了。总之，那些得道之人从来不会去追求俗世间的闻达，而你自己却偏偏喜欢这些，这是为什么呢？"

孔子说："说得好啊！"于是，从此以后，他辞别了自己的朋友，离开自己的弟子，逃往那人迹罕至的水泽之地，穿着破布衣服，吃着橡子和板栗，走到野兽中间不会惊散兽群，走入鸟群中不会惊乱它们的行列。鸟儿和野兽都不再讨厌他，更不要说是人了！

《庄子·外篇·山木》

孔子问子桑户

孔子问子桑户说:"我在鲁国两次受到斥逐,在宋国时又受到砍树的惊吓,在卫国曾经被人撵走,在商周都穷困异常,又被围困在陈蔡两国之间。我经历过这么多次的祸患,亲朋好友都日益疏远,弟子们也逐渐离散,这是为什么呢?"

子桑户说:"你没有听说过假国的人逃亡的故事吗?假国有个人叫林回,他抛下自己千金的璧玉,背着自己的小孩逃走了。有人说,'他是为了钱财吗?然而,小孩子和千金之璧相比,小孩显然没有它值钱。是为了解除负累吗?小孩子的负累显然比一块璧玉要更大。然而林回抛弃了千金之璧而背着自己的小孩逃走了,这究竟是为什么?'

林回说,'如果拿着千金之璧逃走,那只是为了利益的结合,而我选择背着孩子逃走,只因为这是天性的相连。'那些因为利益而结合在一起的,一遇到祸患灾害就会互相抛弃，而那些因为天性相连的，遇到祸患灾害反而会互相救助、包容，彼此关切和相互包容，相差实在是太远了。君子之间的交往往平淡得如同清水，而小人与小人之间的交往则甘甜得如同美酒，君子之间的交往平淡却显得情切，小人之间的交往虽然甘美却容易断绝。那些无故结合在一起的人，也会无故地离开。"

孔子说："我明白您的教诲了！"然后慢慢地游荡着回去了。回家之后，孔子抛弃了自己的学问，扔掉自己的书本，弟子近前也不再需要行礼揖让，然而，他们之间的感情反而越来越亲密了。

又有一天，子桑户说："舜在将要死的时候，就告诫禹说，'你一定要谨慎啊，形体的修养莫若顺其自然，情感的培育莫若率性天真。顺其自然，行动就不会显得乖离，率性天真，人就不会过分疲倦。不乖离不疲倦，就是不需要虚文礼节来修饰外形，不用这些虚浮的东西修饰外表，就是不依靠外物了。'"

《庄子·外篇·山木》

贫也，非惫也

庄子穿着打着补丁的粗布衣服，用麻绳捆着脚上的破草鞋从魏王面前走过，魏王说："先生啊，您为什么竟然这样疲困呢？"

庄子说："我是贫穷，但并不疲困。读书之人有道德却不能施行于世，这叫做疲困；穿着破旧的衣服和通了洞的草鞋，这叫做贫穷，却并不是疲困，疲困是因为没有遇到可以发挥他们长处的时代啊。大王您难道没有见过那跳跃的猿猴吗？如果身处在高大的豫樟、楠木之间，它就会攀着它们的枝条在林间自由自在地跳跃，在其中称王称霸，即使是后羿和逢蒙也不能把它怎么样。然而，如果身处在枳棘、枸杞等小灌木丛中间，那它便会小心地行走，时时斜着眼睛，注视着周围的情形，心中战战兢兢。这并不是因为它们的筋骨没有以前那么柔软，而是因为它们所处的环境不如从前，而这样的环境也不足以让它们发挥自身的优长。置身于当今这种在上昏庸在下混乱的世上，想要不疲困又怎么可能呢？比干被剖心就是一个明显的证明啊。"

《庄子·外篇·山木》

颜回问道

　　孔子被围困在陈、蔡两国之间，七天没有生火做饭。他左手靠着干枯的树桩，右手敲击着枯树枝，从而发出悦耳的声响。伴着敲击声，孔子开始哼唱神农氏的歌曲。然而，虽然有敲击的器具却没有当时的节奏，虽然有声音却也不合音律，不过，敲击木头的声音和人的哼唱声一起发出，听了还是让人心情倍感愉悦清爽。

　　颜回恭敬地回过头来看着孔子，孔子担心他因彰显自己而骄傲自大，因过分怜惜自己而自怨自艾，于是便对他说："颜回啊，不遭受上天的损害容易，但不接受人的利益很难，没有开始不走向结束的，天人本来是一体的，那么，现在唱歌的又是谁呢？"

　　颜回说："请问夫子，什么叫做不遭受上天的损害容易呢？"孔子说："饥渴寒冷，困厄不通，都是天地运行、自然之道运化的必然结果，也就是说，凡事都要遵循自然运行的法则。就好像做臣下的就不能逃避君命，做臣子的道理都是这样，更何况是天地之间的自然之道呢？"

"那么，什么叫做不接受人的利益难呢？"颜回又问。孔子回答说："开始进入社会，自己的见解就能够被采用，行事就没有什么阻碍，爵位和俸禄也随之而来，没有穷尽，然而，这都是外物带来的利益，和你真正的自己其实没有什么关系，我把它叫做生命之外的东西。君子不会去偷盗，贤能的人不会是窃贼，然而，我却去偷盗那外物的利益，这是什么道理呢？因此说，最聪明的鸟儿莫过于燕子，眼睛看到不应该看到的，就不会再看，即使丢掉了自己的果实，也会飞走。它害怕人，却还要飞到人类的屋子里，仅仅是因为它把窝巢筑在这里。"

"那什么叫做没有开始不走向结束呢？"颜回问。孔子回答说："听凭万物的变化而不知道是谁代替了谁，也不知道谁将要变成谁，又如何知道哪里是它的开始，哪里是它的结束呢？因此，只需要修正自己，一切听凭自然的变化就可以了。"

颜回又问："什么叫做人和天是一样的呢？"孔子回答说："人，是靠着自然之理生出来的。天，也是顺着自然之理产生出来的。人之所以不能体现自然的德性，那是因为，在生活中人的本性遭到损害了，只有圣人，他能够安然地体现大道，做到天人合一，最终与大道融为一体而消逝于无穷之中。"

《庄子·外篇·山木》

庄周游于雕陵之樊

　　庄子在雕陵的一大片栗树林中游玩，看见一只从南方飞来的非常大的喜鹊，它的翅膀有七尺那么宽广，眼睛有一寸多长，掠过庄子的额头，从他的头顶飞了过去，然后停在了茂密的栗树林中。庄子说："这是什么鸟呢？翅膀那么大却不能够飞得远一些，眼睛那么长却不能看清楚人。"

　　于是，他拉起衣服，快步走到树林中，拿着弹弓，等待时机，准备将这只鹊鸟打下来。这时，他正好看到一只蝉，刚刚得到一片舒服的阴凉，正在那阴凉下面休息呢，那样子好像已经完全忘记了自己可能会有危险，而此时，一只螳螂正躲在树荫后面，希望找机会捕食这只蝉，与此同时，螳螂也因为只看到自己将要到手的猎物而忽略了自身的安危，它没发现，那只大鹊鸟正在它身后对它虎视眈眈。同样，异鹊也因为只看到自己捕食螳螂的利益而忘记了自己的真身，全神贯注地盯着那只螳螂，完全没有意识到庄子正蹲在它的身后。

看到这一场景，庄子惊惧地说道："啊，万物之间就是这样地相互牵累着啊，它们之间辗转循环，相互争夺，总是以利相招引。"于是扔掉弹弓就往回走，虞人看到了，以为庄子是偷栗子的人，于是都赶上来责问他。

庄子回到家中，三天都很不愉快。蔺且跟在他身后问道："请问夫子，这几天您为什么一直都不高兴呢?"庄子说："我只保养自己的形躯而忘记了身体的真性，看到污浊的水产生迷惑，就再也看不到清水了。我曾经听到几位夫子说过，每到一个地方，就要遵循那里的习惯和禁忌，我如今一到栗园就忘记了自身的安危，奇异的鹊鸟掠过我的额头，我因为关注鹊鸟而忘记了自己的真性，管理栗园的虞人又跑来责骂我，因此，我心里实在是感到非常难受啊。"

《庄子·外篇·山木》

阳子之宋

阳子宋国去，住在旅店里。旅店里有个客人，他有两个小妾，其中一人长得非常漂亮，另外一个却长得非常丑陋，然而，那个长得丑陋的却受到宠爱，而那个长得漂亮的反而不被重视。阳子感到十分好奇，于是便去询问这其中的原因，旅店主人对他说："那个自以为自己很漂亮的，我并不觉得她长得漂亮，而那个觉得自己长得丑陋的人，我也并不觉得她长得丑陋。"

阳子对他的弟子说："你们要记住啊，品行一定要高尚，但同时又不要自以为高尚，这样的话，走到哪里不会受人爱戴呢？"

《庄子·外篇·山木》

田子方侍坐于魏文侯

田子方在魏文侯的身边陪坐，不停地称赞了豀（xī）工好几次。魏文侯说："豀（xī）工是您的老师吗？"田子方说："不是，他和我是同乡人。他说话一般都非常合理恰当，因此我称赞他。"魏文侯说："那么，难道先生您没有老师吗？"田子方说："有啊。"魏文侯问道："那您的老师是谁呢？"子方说："我的老师是东郭顺子。"魏文侯说："那么，您为什么不称赞自己的老师呢？"子方说："我的老师，他为人真实纯朴，看起来只是一个普通人，然而内心像天空那么空虚而广大，他顺应自然而保持自己天真纯朴的本性，内心清明辽阔而能包容万物。遇到无道之人，他也只是端正自己的德行从而使对方得到感化，使他们心中的恶意逐渐消散，我实在是不知道用什么样的语言来形容他啊！"

子方出来后，魏文侯一副茫然若失的样子，一整天都没有说什么话。之后，他召唤站在他面前的侍臣，对他说："德行完满的君子，他们内心的境界真是深远啊！开始的时候，我觉得圣人的言语，遵守仁义礼智的行为就已经达到极致了，现在，听到田子方说他的老师，我的形躯仿佛要解散了，一动也不想动，我的嘴巴也像被钳住了一样，一句话也不想说。直到现在，我所学习的东西，简直就像个土木偶一样没用啊，魏国真可以说是我的累赘了！"

《庄子·外篇·田子方》

温伯雪子适齐

　　温伯雪子要到齐国去，走到半路，在鲁国住了下来，鲁国有一个人请求拜见他，温伯雪子说："我不想见他。我听说中原地方的君子，对礼仪法度等规矩都非常清楚，唯独不了解人心，因此，我不想见他。"

　　从齐国回来以后，温伯雪子再次经过鲁国，又在鲁国住了下来，那个人再一次来请求拜见。温伯雪子说："之前他就曾经想要来见我，现在他又想来拜见我，这一定是有什么想要启发我的东西吧。"于是便出去见这位客人，然而，见完回来以后，只是一个劲儿地叹气。

　　第二天，他又去会见了这位客人，回来后仍然是叹息不止。他的随从忍不住问道："您每次见完这位客人回来就一定会叹气，这是为什么呢？"温伯雪子说："我之前就告诉过你，中原地区的君子，熟悉礼仪典章制度却不了解人心。我刚刚见的这个人，他对于什么时候进什么时候退都掌握得非常好，行动也极其合乎礼数，神态从容而又神气活现，他劝谏我的时候像是儿子劝谏父亲，教导我的时候又像是父亲在教导儿子，因此，我才要叹气啊！"

孔子见了温伯雪子，一句话都没有说。子路问孔子说："夫子，您不是很久以来就想要拜见温伯雪子吗？现在见面了，您却又什么都不说，这是为什么呢？"孔子回答说："这样的人，只要看一眼，就知道大道已经自然而然地体现在他的身上，我已经不再需要说什么了啊！"

《庄子·外篇·田子方》

颜渊问于仲尼

颜渊问孔子说："夫子啊，您慢走的时候我也跟着您慢走，您快走的时候，我也跟着您快走，您奔跑的时候我跟着您奔跑，然而，当您飞奔着绝尘而去的时候，我却只能在后面瞠目结舌，再也赶不上您了。"

孔子说："颜回啊，你说的是什么意思呢？"颜回说："夫子您慢走的时候，我也跟着慢走；夫子您讲话的时候，我也跟着讲话；夫子您快走的时候，我也跟着快走；夫子您辩论的时候，我也跟着辩论；夫子您奔跑的时候，我也跟着奔跑；夫子您论道的时候，我也跟着论道，然而，当您飞奔着绝尘而去的时候，我却只能在后面瞠目结舌，再也没法赶上您了。夫子您不说什么就能够得到别人的信任，您并不对谁表示亲近，周围的人们自然都来亲近您，您虽然没有什么权位，但人民都来聚集在您的身边，我不知道为什么您能够做到这些？"

孔子说："是啊，这个问题确实值得你好好思考和观察。不过，你看到的都还只是外形的变化，而不是最本质的东西啊！人最悲哀的事情莫过于连心都死了。相对而言，形体的消失是次要的。太阳从东方升起，从西方落下，万物都在顺着这个规律运行，有眼睛有脚趾的，都要依托这个规律而生长，日出而作，日落而息。万物无不像人类依靠太阳一样，依靠着大道在生长变化，直至死亡。一旦有朝一日受命成为人形，就不会再随意变化，而是顺着自然之道而运行，日日夜夜没有丝毫间断，不知道何时是自己生命的终止。一旦受命成为人形，即使知命的人也没法对自己的人生做一番规划，因此，我只是随着岁月的变化而自然变化罢了，又有什么特殊的技巧呢？

我一生和你待在一起，你却没法看到我身上最重要的东西，这难道不是一件让人悲哀的事情吗？你只看到了我身上那些粗略有形的部分，等到他们消散的时候，你却觉得他们仍然存在，仍然想要去追寻，这不就像是停在路边的亭子里，却要寻找奔驰而过的骏马一样吗？我对你的存念应该忘记，你对我的存念也应当忘记，这样做，你也没必要担心什么，虽然忘记了那个外表形式粗略的我，但是，那和大道一起流行而又从未变过的我，是会一直存在的，只是需要你更加深入地不断体认罢了。"

《庄子·外篇·田子方》

孔子见老聃

　　孔子去拜见老子，老子刚刚洗完头发，正披散着等头发晾干，表情呆滞，一动不动地站立着，好像一块木头一样。孔子站在屏风后面等待，过了一会儿进去拜见，看到老子的样子，便对他说："是我眼花了没有看清楚吗，还是确实是这样？我刚刚看到，先生您的身体就像枯木一样呆立着，好像已经远离这个喧嚣的尘世而独立于虚空之中了。"老子说："我的心已经在万物初生的虚空中遨游了。"

　　孔子说："这是什么意思呢？"老子说："这种境界，心想知道却没法知道，口想说出也没法说出，不过，尽管这样，我还是想给你说个大概。至阴的阴气非常寒冷，而至阳的阳气却又非常酷热，阳气出于天而阴气出于地，阴阳二气相互交流，相摩相荡，这样，万物就生成了。或许这里面有它运转的纲纪，然而没人能看得清楚它的形状。它的满盈、它的亏损、它的明亮、它的晦暗，所有这些，每一天、每一月都在发生变化，天天都在发生作用，却看不到它的功劳。生的时候有它来的地方，死的时候也有它归去的地方，生生死死相互联系，又不停地转换，只是人们看不清其中的端倪，也不知道它的穷尽。如果不是它，那什么是事物的本宗呢！"

孔子说："请问在这种境界中遨游具体是什么样子的？"老子说："如果能够在这样的境界遨游，那实在是最美好也是最快乐的事情，经历最美好的事情，能在最快乐的地方遨游的人，就叫做至人。"

孔子说："那么，请问怎么样才能够在这样的地方遨游呢？"老子说："吃草的动物不在乎更换草泽，水生的虫子不在意改变水域，这是因为改变的只是局部的小环境，而大方面的性情是不变的，因此，如果真正向往在那样一个广袤的世界中快乐地遨游，那么，日常生活中，区区喜怒哀乐这样的情感也就不能随便侵入人的胸中，对人造成影响了。天下万物其实都是一个整体，有着共同的运转之道，如果能够明白这个共通的真道的话，那么四肢百骸对人而言，就好像是尘埃一样微不足道，而生死，也会像昼夜交替那样自然，也就再也不会有什么东西能够干扰，更何况是那些得失祸福之类的东西，又怎么可能介入人的内心，对人产生影响呢？相反，人抛弃这些身外之物，也会变得像抛弃一块泥巴一样那么容易，明白自己的身体要远远比隶属于身体的一切都更加珍贵，以我为贵，这样就不会被外在的一切变化所伤害。况且，世事的变化永无止境，那又有什么好忧虑的呢？那些已经得道的人，都能够懂得这个道理。"

孔子说："夫子您的道德已经和天地之德相配，但仍然通过言辞来修养自己的内心，古代的君子，都是这样的吧?"老子说："不是这样的啊，水从地底涌出，虽然没有做什么，但泉水自然干净透明；至人修养自己的德行，不用刻意修习，万物自然不能相离，就好像天本来就是那么高，地本来就是那么厚，太阳和月亮本来就是那么明亮，又哪里用得着去刻意地修习呢?"

孔子出来后，跟自己的弟子颜回说："对于大道的理解，我仍然像是大瓮里的一只小小的飞虫，如果不是夫子用这些话来启迪我，我根本就不知道天地原来本就是一个完整的整体，本来就是那么完美啊。"

《庄子·外篇·田子方》

儒士未必儒服

庄子去拜见鲁哀公，鲁哀公对他说："鲁国这么多儒士，然而，学习先生道术的并不多。"庄子说："鲁国的儒士不多呀。"鲁哀公说："鲁国举国上下几乎都穿着儒服，怎么能说鲁国的儒士不多呢？"庄子说："我听说，儒士戴着圆形的帽子，象征着他们能够知晓天时，穿着方形的鞋子，代表着他们能够通晓地理，佩戴着用丝线穿起来的玉玦，表明他们做事果敢决断。然而，有这样道德的人未必穿这样的衣服，穿这样衣服的人也未必有这样的道德，如果您不相信的话，何不在全国发一张告示，昭告天下：没有儒士道德却还穿儒服的人，一律死罪！"

于是，哀公便在鲁国发布了号令：没有儒士道德却还穿儒服的人，一律死罪！五天之后，全国上下就没有人再敢穿儒服了，只有一个男子仍然身穿儒服站在宫殿门口，鲁哀公立即诏他进去，向他询问国事，无论怎么问，无论问什么问题，他都能讲得头头是道，有条有理。

庄子说："鲁国只有一个儒士而已，这怎么能叫多呢?"

《庄子·外篇·田子方》

宋元君将画图

    宋元君将要绘制山川土地的图样，许多画工都来了，互相揖让之后就站立一旁，有的濡笔，有的和墨，还有一半人在外面站着，恭恭敬敬地等待。只见一个晚到的画工，悠悠然不紧不慢地走进来，揖让过后也没有站到旁边，就径自一个人回家了。宋元君派人跟着他去看，只见他回到家里，宽衣解带，裸着身体就坐下来休息。宋元君说："可以了，这才是真正的画工啊！"

《庄子·外篇·田子方》

文王授政臧丈人

　　文王在臧这个地方巡视，看到一个老者在垂钓，他虽然看起来在钓鱼，心思却不在钓鱼上，显然不是专为钓鱼而来钓鱼，而是别有所求。就这样，他天天都在这里钓着。

　　文王想要把全国的政务委托给他，又害怕自己的臣子和亲友有猜忌不服之心，想要放弃这个想法，又不忍心看到百姓失去荫庇，于是便想了一个办法。第二天一大早起来，他就聚集百官，对他们说："昨晚我梦见一个贤能的人，有着黑色而浓密的胡须，乘着一匹毛色不纯而有一只红色蹄子的马，人声诏令我说，'将你的国政交给臧地的那位老者，你的人民大概就有救了！'"大臣们听了，都非常惊惧，纷纷说："这是我们的先王季历啊！"文王说："那么，请太卜去占卜一下吧。"大夫们说："这是先王的命令，大王您不应该有什么怀疑，只需要照做就是了，又哪里需要靠占卜来决定

呢?"

于是,文王便将臧地的老者接回王宫,并把全国的政务交给他来处理。他既没有更改典章制度,也没有颁布什么褊狭的政令。三年之后,文王再次巡视他的国家,只见朝廷中的朋党已经解散,长官们都不显摆自己的德行,外来的各种度量容器也不敢流入国内使用。朋党解散,与众人融为一体,长官们都不居功自傲,和众人相处和谐,没有国外杂七杂八的度量容器进来,那么,诸侯也就慑于一国强大的凝聚力,从而不敢怀有二心。

于是,文王就拜这臧地的老者为师,以臣下的礼节拜见他,向他请教:"您治理国家的方法可以推及整个天下吗?"臧地的老者听了,就好像不曾听到一样,漠然地拒绝了。然而,早晨听到了文王的询问,晚上,他便一个人不知不觉地逃走了,再没有任何消息。

颜渊对孔子说:"文王还不算是圣人吧?否则,他为什么要虚构一个梦呢?"孔子说:"别作声,你还是不要说话了!文王已经是圣人了,你有什么资格私下议论呢?他这样做,只不过是为了用这个方法暂时取得大家的信任罢了。"

《庄子·外篇·田子方》

列御寇为伯昏无人射

　　列御寇为伯昏无人表演射箭，他将弓拉到最满，然后在手肘上放了一杯水，将箭发出去。第一支箭刚离弦，第二支箭就射出去了，第二支箭刚离弦，第三支箭又射出去了。他射箭的时候一动不动，就好像呆立的木头人一样。伯昏无人说："你这是为了射箭而射箭，展示的只是一些射箭的技术，并不是无心射箭的射箭，我想试着和你一起登上高山，站在那高耸的岩石上，身临百丈深渊，看看你还能不能射箭。"

　　于是，他们两人便一起登上高山，站到一块高耸的岩石上面，身临万丈深渊，背对着深渊一直往后退，直到脚的二分之一都退到岩石外面时，伯昏无人便向列御寇鞠了一躬，请他上前射箭。列御寇看到这种情形，吓得伏在地上，汗水一直从头流到脚跟。伯昏无人说："真正的得道之人，上能

窥测青天，下能探测黄泉，精神在八极之外遨游，气度却永远安闲自在，气定神闲。而现在，你却害怕得眼花手乱，想要再射中目标想来也是很难的了。"

《庄子·外篇·田子方》

肩吾问于孙叔敖

肩吾对孙叔敖说："您三次做令尹却并不感到荣耀，三次离开令尹的职位也并不感到忧伤，开始的时候，我还有点怀疑你，现在，我看到你鼻息之间气息非常均匀平稳，知道您一定不同于凡人，请问，您是怎么想的呢？"

孙叔敖说："我有什么超过别人的地方呢？我只是觉得，职位来的时候，我没办法推辞，职位去的时候，我也没办法阻止。我觉得这其中的得失并不是我自己能够决定的，这样的话，我又为什么要忧虑呢？我有什么过人之处呢？我不知道尊贵的究竟是令尹之位呢还是我，如果尊贵的是令尹之位，那和我有什么关系呢？如果尊贵的是我，那我又为什么非要在意这样的一个虚名呢？因此，我将要悠闲自得地四下里游走，高视八荒，又哪里有时间来考虑人贵人贱这样的问题呢？"

孔子听说了，说："上古的真人，有智慧的人不能将他说服，美人不能够使他淫乱，强盗不能抢劫他的东西，伏羲、黄帝不能成为他的朋友。生死这样的大事他都不会放在心上，都不能干扰他的内心，更何况是富贵和爵禄呢？这样的人，他们的精神可以穿越大山而没有什么能够阻挡，可以潜入水底而不被沾湿，地位卑下但并不困苦，他们的精神充满整个天地之间，越是付出给别人，自己反而得到的越多。"

《庄子·外篇·田子方》

知北游

知向北去游玩，到了元水的北面，登上一座叫做隐弅(fèn)的山丘，正好遇到了无为谓，于是他便对无为谓说："我有问题想要向您请教，您知道究竟怎么样思索，怎么样考虑，才能明白道呢？怎么样居处，怎么样做事，人才能安于道之中呢？通过什么样的途径和方法才能够得道呢？"问了三次，无为谓都不回答，不是不回答，其实是不知道要回答。

知得不到答案，于是返回来，路过白水的南面，登上一座叫狐阕的山丘，正好又看到了狂屈，知又拿刚才的问题向狂屈请教。狂屈说："是的，我知道，让我来告诉你吧，然而，正要说的时候他却又忘记要说什么了。"

知仍然得不到答案，于是便返回黄帝的宫殿，一见到黄帝便迫不及待地向黄帝请教这个问题。黄帝说："没有思索、没有任何考虑就是懂得道了，了无处不做事就是安于道了，抛弃各种方法和途径才是得道。"

知听了，问黄帝说："现在，我和你知道了这些，而无为谓与狂屈却并不知道，这样的话，我们之间，谁是正确的呢？"

黄帝说："无为谓是真正得道的人，狂屈也类似得道，已经离道不远了，只有我和你，还距离大道很远啊！那些真正有智慧的人并不言语，而那些经常说话的人也未必就真有智慧，因此，圣人总是推行无言的教诲。道不是凭借语言就可以得到的，德行也不是语言可以获得的，仁爱会诱发人们刻意追求仁爱的行为，义的追求也损害真正完整的大道，而礼又只能助长人为的虚伪。因此说，'失去道以后就开始追寻德，失去德以后就追求仁爱，失去仁爱就追求义，最后，连义都失去的时候就开始讲究礼了。礼，其实只是真道虚华不实的外表和发生祸乱的根源。'因此说，'追寻大道就要日渐减少自己身上的有为之心，不断地减少，不断地减少，最终达到无为的境界，看似无为其实是无所不为。'现在，我们已经失去了纯朴的本性，想要再走回头路，返归大道，不也是一件很难的事情吗？如果有谁觉得容易，那大概只有那些至人了。生就意味着将要死，死就是生的开始，生生死死，谁又知道它的终极呢？

人的生命，其实就是气的聚散，当气聚集起来的时候就是生命活着的状态，当气散掉的时候，生命也就结束了。如果生和死只是这样相互陪伴的小伙伴，那我还有什么好害怕的呢？万物其实都是一个整体，我们将自己喜欢的东西看做是神奇，将自己讨厌的东西当作是腐臭之物，然而，美好的东西可以变化成腐臭的东西，腐臭的东西也可以变成美好的东西，所以说，'整个天下，只是一团气而已。'真正的圣人非常看重事物的完整性，统一性。"

知对黄帝说："我问无为谓问题，无为谓不回答我，他并不是不回答我，而是不知道要回答我。我问狂屈问题，狂屈想要回答我，但又忽然不知道说什么好了。现在我问你，你却知道这些道理，但你为什么说你自己还离大道很远呢？"

黄帝说："无为谓是真正了解大道，因为他不知道；狂屈已经接近大道，因为他忘记了自己要说什么；我和你终究没有接近大道，那是因为我们知道这一切。"

狂屈听说了，认为黄帝说的的确很有道理。

《庄子·外篇·知北游》

啮缺问乎被衣

　　啮缺问被衣什么是道，被衣说："你要端正自己的身体，集中自己的注意力，那么，你体内的冲和之气就会满盈了；你要收摄自己的智慧，集中自己的心气，这样，你身上的神灵就会在你身体里安居。德行会让你的风度很美，大道将成为你的居所，你混混沌沌，无知无识，就好像刚刚出生的小牛犊一样，再也不会纠缠于那个曾经执著一切、心思散乱的自我。"

　　被衣的话还没有说完，啮缺就睡着了，被衣于是非常高兴，唱着歌离开了。边走边说："你的形体就好像干枯的树木，你的心就好像燃尽的死灰，的确是已经领悟了真正的大道，再也不会坚持以前那个顽固的自我了。茫然昏昧，不知所以，我不必再和你说什么了，你真是能够领悟大道的人，了不起啊！"

《庄子·外篇·知北游》

206

舜问乎丞

　　舜问丞说："道可以得到并且占有吗？"丞说："你的身体都不是你自己的，你都不能够占有，更何况是道呢？"

　　舜说："我的身体不是我自己的，那是谁的呢？"丞说："是天地赋予了你形体，并不是你自己的，是天地给你的和顺之气形成了你的身体；性命也并不是你自己的，是天地给予你的自然之气；子子孙孙也并不是你的，是天地赋予你生机蜕变的结果。缺乏了天地之气的馈赠，你行动却不知道要往哪里去，居处却不知道应该如何持守，吃东西也品尝不出味道，你的一切，都是因为天地赋予了你一股光明正大的阳刚之气，而你又怎么能够将它占为己有呢？"

　　　　　　　　　　　　　　《庄子·外篇·知北游》

孔子问于老聃

孔子对老聃说："今天安适清闲，身心舒畅，请问夫子，什么是至道呢?"

老聃说："你先去斋戒，然后疏通你的心灵，洗净你的精神，抛弃你的智慧吧。大道幽深广远，难以言传，我只给你说一说大概。

光明的东西总是生于昏暗，有形有象的东西也都是从无形之中产生，精神从大道中生出，而形体则从精气中产生，形体的蜕变和不停地转化又生成了万物。因此人兽是胎生，禽鱼是卵生，各个不同。大道来去都没有行迹，没有活动的边界，四通八达，到处都是它活动的空间，可谓充满整个太虚之中。在大道中遨游的人，他们的四肢会很强健，思虑会非常顺达，耳目聪明灵敏，他们用心生活却不感觉到劳累，随着事情的变化而应对无穷。天不得道就不会高远，地不得道就不会宽广，日月不得道就不能很好地运行，万物不得道就不会繁荣昌盛，这就是无处不在的大道啊！

况且，博学的人不一定就有智慧，有辩才的人也不一定就有慧力，圣人已经抛弃了这些所谓的学问和辩论，而那些增加了也不会变多，减少了也不会变少的东西，才是圣人所要保全的。那真正的大道，就像大海一样源远而深广，像高山一样巍峨高大，于终始之间不断循环，包容万物却从来不会遗漏什么，而那些所谓君子的品行，其实和大道已经相差很远了。万物都从它之中求取资用却不能使它匮乏，这才是真正的道啊！

真正的至人，处在阴阳之外，天地之间，虽然当下还是人的形体，然而，终究他是要返回最初的大道中去的。从本源来看，生命就是气的聚集，虽然有长命和短命的区别，然而其间的差距又有多大呢？辩论都是一时的，转瞬即逝，又何必要去评判尧、舜的是非呢？瓜果有它生长的道理，人伦关系虽然比较复杂，但也可以按照一定的顺序排列，圣人对于这些不会去违背，也不会留恋和执守，调和而顺应它，就能成就自己的德行，随机去顺应它就是在遵循道的规律，这些就是帝王之所以能够兴起和更迭的原因呀。

人生于天地之间，就好像白驹过隙，只是瞬息之间的变幻而已，万物勃然生起又自然消逝，没有终究不回到死亡的。从生到死，从死到生，活着的生物为死去的同类而悲伤，活着的人为死去的人而痛苦，而事实上，死亡就好像是解下了自然的束袋，毁弃了自然的束缚，转移变化，魂魄先行离开，最后身体也跟着消散，回归于生命之前广大而虚空的境界。从无形到有形，从有形到无形，从生到死，从死到生，这是人们都明白的自然规律，却不是那些回归大道的人所追求的，这是众人一起议论的问题。真正通晓大道的人从来不会议论，经常议论的人是不能够通达大道的。明察的人无法得道，辩论不如静默，大道不能通过耳朵听到，侧着耳朵去倾听还不如索性关闭耳根，塞起耳朵，这样得到的才是真正的大道啊！"

《庄子·外篇·知北游》

东郭子问庄子

东郭子问庄子说："所谓的道在什么地方呢?"庄子回答说："道是无所不在的。"东郭子说："具体一些呢,道究竟在什么地方?"庄子说："在蚂蚁身上。"东郭子说："道怎么在这么卑微的事物上呢?"庄子说："道在像稗子一样的杂草中。"东郭子说："怎么比刚才的事物更加卑下了呢?"庄子说："道在瓦砾中。"庄子说："怎么又更加卑下了?"庄子说："道在屎尿中。"东郭子听了,默不作声。

庄子说："你所问的问题,本来就没有接触到事物的实质。管理射饮之礼的官员向市场管理员询问如何检查大猪的肥瘦时,得到的答案是,让猪往下踩,越往下踩越能看得明白它们的胖瘦,踩得深的肯定就是胖的。一个问题要放到具体的事情中才能够解释清楚,真正的道义是无所不在的。你没必要固执地认为什么才是道,道存在于万事万物之中,真正的道如此，我们用来阐释道德语言也是这样。周、遍、咸三个字，虽然名称不同，而所指的意义却是相同的。我希望跟你一起去那广阔的道的世界中遨游，在这个世界里，一切都从其同一的角度来显现，没有什么穷尽。让我们一起顺应无为吧，它是那么的淡泊而宁静，广阔而清虚，调和而安闲！至此，我的心境变得越来越辽阔，无处不去却不知道去了哪里，去了来了又不知道停在哪里，来来往往却不知道哪里才是终点，自由自在地在虚寂的世界中徜徉，没有终极。

支配万物的与万物一体而没有边际，但具体的事物却都有自己的边际，这就是物的界限。大道存在于事物之中，似乎是有边际的，其实根本没有边际。所谓的盈虚消长，盛衰变化，大道能够带来盈虚的变化，但大道自己不是盈虚变化，大道能够带来衰杀，但自己本身并不是衰杀，大道能够使万物有本末始终，但它自己并不是本末始终，大道能够使事物有聚有散，但其本身并不是聚散。"

《庄子·外篇·知北游》

婀荷甘与神农同学于老龙吉

婀（ē）荷甘和神农一同向老龙吉学道。一天，神农正关着窗户靠着几案午睡，婀荷甘推门进来说："老龙吉死了！"神农靠着几案，拄着拐杖站起来，不明白为什么先生一句话都不对自己说就离开了。突然间神农恍然大悟，便将拐杖扔到一旁，大笑着说："原来道是不可以用言语传达的！先生知道我鄙陋放纵，心中对道没有真正的体悟，因此这样沉默而去。哎，他没有留下一言半语，就这样走了。"

弇堈（yǎn gāng）吊听说了，说："那些能够体悟大道的人，是普天之下的君子都想要归附的。对于道，老龙吉连秋毫之末的万分之一都没有悟到，但他尚且知道要把自己对道的理解隐藏起来不说，然后才死去，更何况是那些已经了悟大道的人呢？大道看起来没有形状，听起来没有声音，人们都称它为'冥冥'。所以说，那些谈论道的人所辩论的道，根本就不是真正的道。"

《庄子·外篇·知北游》

太清问道

太清问无穷说："你知道什么是道吗?"无穷说："我不知道。"

太清又去问无为，无为说："我知道什么是道。"太清说："你所知道的道，有名数吗?"无为说："有。"太清问："那它的名数是什么?"无为说："我知道道可以贵可以贱，可以集中，可以分散，这就是我所知道的道的名数。"

太清于是拿着这些话对无始说："如果是这样的话，那么无穷的不知道和无为的知道，谁对谁错呢?"无始说："说自己不知道，说明对道的了解还比较深，说自己知道则说明对道的了解其实还很肤浅；不知道说明他还在道中，知道则说明已经在大道之外了。"于是，太清仰天长叹，说："不知道就是知道，知道就是不知道啊，谁又能明白不用名数表现的道呢?"

无始说："道不能够听到，能听到的就不是道了；道不能够看见，能看见的也不是道了；道不能够言说，能用语言表达的也同样不是道。要知道，能够孕育出万物形体的道，其本身却是无形无相的，因此，道是没有名数的。"

　　无始说："那些听到别人问道就应答的，是不懂得道的人，即使是那些问道的人，也未曾听说过道。道不应该询问，询问不应该回答。不需要问的问题却要问，这便是空洞而没有意义的，不需要回答而去回答，那是因为心中根本没有真正的道。用没有真道的心去回答那空洞而无意义的问题，这样的人，对外不能观察宇宙的广大，对内不知道大道的根本，因此，他连昆仑山都没法跨越，更不要说去那昆仑山之外的太虚之境遨游了！"

《庄子·外篇·知北游》

光耀问无有

　　光耀问无有说："先生，您究竟是存在呢，还是不存在?"光耀得不到回答，于是他便仔细地观察无有先生的形状和外貌。只见无有一副空虚而深远的样子，整天看他却也看不见，整天去听他也听不见，想要去触摸也从未触摸到。

　　光耀说："真是最高的境界了呀，谁还能到达这样的境界呢? 我能够达到忘记存在的境界，却不能够达到连不存在都忘记的境界，内心始终都还有无的概念，做不到浑茫无有亦无无，究竟如何才能够达到这样的境界呢?"

　　　　　　　　　　　　　　　　《庄子·外篇·知北游》

大马之锤钩者

有一个给大司马锻造兵器的工匠，年纪已经有八十多岁了，锤炼的兵器却从来不出丝毫差错。于是，大司马便问他："您这是凭借高超的技术呢？还是其中自有大道呀？"

老工匠回答说："老臣自有大道在这其中。我还在二十岁的时候就喜欢锤炼兵器，眼睛里只看得到兵器，其他一切都不会进入我的视线。我的锻造技术，完全是因为自己精神凝聚，不到处乱用才能够这么好的，更何况我又明白了那无用却又无所不用的大道呢，这可是一切事情成功的基础啊！"

《庄子·外篇·知北游》

冉求问于仲尼

冉求问孔子说："天地没有产生之前的状态，我们可以知道吗？"

孔子说："可以呀，古代就好像现在一样。"冉求听了，没有再问什么便退下来了。

第二天，他又去拜见孔子，对孔子说："昨天我向您请教'天地产生之初的状态是可以了解的吗？'您说可以，古今都是一样的。昨天我觉得自己明白了，然而现在，我又觉得自己还是不明白，请问夫子，这是为什么呢？"

孔子说："昨天你觉得明白，是因为你用自己虚空的心境去体会它，现在你觉得不明白，那是因为你加入了过多理智的思索在里面。没有古就没有今，没有开始就没有结束，那么，在没有子孙之前就有了子孙，这样的说法可以讲通吗？"冉求没有再回答。

孔子说："好吧，你可以不用回答了，不要因为自己活着，就想让一切死的东西都活过来，也不要因为自己死了，就想让一切活的东西全部死去。生死有所依赖吗？都是自然的运化而已啊。先于天地产生之前的东西是什么？也是物吗？产生物的源头就不应该是物了，否则这样的追究不仅无止境而且毫无意义。道的孕育才产生了天地万物，万物才因此而生生不息，没有止境。圣人心爱万物，并且这种爱无穷无尽，就是向天地之间的大道学习啊。"

《庄子·外篇·知北游》

颜渊问乎仲尼

颜渊问孔子说："我曾经听夫子您说过，'不要有所送，不要有所迎。'请问这是什么意思呢？"

孔子说："古代的人对外能够和顺万物，对内又能保持自己的天然本性，而现在的人，对内不能保持自己的天性，对外又总是与外物发生龃龉。能随顺外物的变化的人，其内心反而宁静不变，变化和不变化都要能够安然顺任，平和地与外境相处，参与世间的变化却从不妄自尊大。豨韦氏的苑囿，黄帝的园圃，有虞氏的宫殿，汤武的居室，朝代在更迭，人们的精神境界与心胸却都越来越狭小，即使是儒家和墨家的君子，都会因为是非的争吵而相互排挤，更何况是普通人呢？圣人和万物相处都能如鱼得水，从来不会伤害到外物，正因为他不伤害外物，因此外物也不会伤害他。只有无所伤害的人，才能够和万物相送相迎。

山林、平原，都能让我欣然快乐，然而，快乐的心情还未结束，悲哀就会悄悄袭上心头，哀乐的降临，自己无法主宰，哀乐的离去，自己又无法制止，可悲啊，世人无一不是哀乐之情寄居的旅社罢了。人们知道他所见到的事物，却不知道他没有见过的事物，能够做到自己做得到的，却不能做到自己做不到的，有所不知，有所不能，是生而为人所无法避免的，而世人却都在拼命努力追求自己本来就难以避免的无知，这不是一种悲哀吗？最好的言论是无言，最大的作为就是无为，想要用一种认识去统一所有人的认知，这种做法不是太过浅陋了吗？"

《庄子·外篇·知北游》

庚桑楚与南荣趎 (chú)

　　老聃的弟子中，有一个叫庚桑楚的，他已经得到了老子的大道，独自一人居住在北面的畏垒山上。所有跟在他左右服役的人，那些明察而又机智的，首先便会被他辞退，那些标榜仁义的侍妾也全都被他疏远，而只留下一些呆笨的作伴，留下那些愚朴的以供使唤。过了三年，畏垒大获丰收，畏垒的百姓都互相议论，说："庚桑楚一开始来到这里的时候，我们都觉得他非常奇怪，居然将机智的仆人赶走，反而去任用那些愚笨无知的人，现在看来，他的收成按日计算虽然还有所不足，但如果按年来计算的话已经非常充裕了，他大概能够称得上是圣人了吧，我们为什么不为他设立神位来替他祷祝，并为他建立宗庙呢？"

　　庚桑楚听到了，望着远方一脸不高兴的样子。他的弟子看见了，觉得非常奇怪。庚桑楚说："你们为什么觉得我这样奇怪呢？春天的时候，阳气发动，万物萌生，百草欣欣向荣；秋天的时候，阴气降临，万物肃杀，果实也开始成熟。这种春天和秋天的不同景象难道是无缘无故的吗？那是因为天道运行的规律如此啊！我听说，那些真正得道的人，像尸体一样安安静静地居住在方丈大的陋室中，百姓都率真任性，但都不知道要到什么地方去。现在，畏垒的百姓却都在私下议论，想要把我像那些远古的贤人一样供奉起来，我难道已经可以做别人的榜样了吗？我觉得自己有愧于夫子的教诲而闷闷不乐啊！"

弟子们听了，说道："不是这样的，普通的水沟，巨大的鱼在里面没法回旋自己的身体，而小鱼却可以随意折转；极矮小的丘陵，巨大的野兽无法靠它来隐蔽自己的身体，而小狐狸却可以在里面兴风作浪。尊重贤才，将地位授予有能力的人，把好处让给那些善良的人，从古代的尧和舜就开始这样的了，更何况是畏垒这个小地方的百姓呢？夫子，您就听凭他们去做吧！"

庚桑楚听了，说："年轻人，你过来！能够吞没一辆车的野兽，如果独自离开山林，就难以避免被网猎的危险；能够吞掉一条船的大鱼，如果被激流冲荡离开了海水，那么小小的蚂蚁就能将它制服，因此，鸟兽的居处从来就不怕高，而鱼鳖的居所也是越深越好。想要保全自己的形体和自然之性，建造自己藏匿的居所，是不会厌恶幽深邈远之地的。况且，尧和舜又有什么值得称道的地方呢？他们对于世间一切的分辨，就好像随便将墙壁凿坏来种植蒿草一样可笑。挑选头发而梳理，数着米粒去做饭，这样斤斤计较，又怎么能够治理好天下呢？推举贤能的人，那么百姓就会互相倾轧，任用有智谋的人，那百姓就会互相偷盗，无论是贤还是智，都不足以使人民归于纯朴、厚道。而如果人民过于追求利益的话，那便非常容易出现儿子杀死父亲、臣下杀掉君主、大白天抢劫、正中午挖墙穿壁的丑事。我要跟你说，大乱产生的根本，必然是在尧、舜的时代产生的，它的流弊一直延续到以后的千秋万代，千秋万代之后，还会有人和人互相蚕食的事情。"

南荣趎听了，恭恭敬敬地坐着，说："像我这样年长的人，要怎么样学习才能够达到您所说的境界呢？"庚桑楚说："保全你的身体，保持你的天性，不要让自己过于思虑营求，能做到这样的话，三年之后，你就能够达到这样的境界了。"南荣趎说："眼睛的形状，我不知道有什么不同的地方，然而，盲人的眼睛却看不见；耳朵的形状，我也不知道有什么不同，聋子却听不见声音；人心的形状，我也不知道有什么不同，狂人却不能自适。形体和形体之间本来是相同的，有时却不能相互理解、彼此会通，可能是心灵之中有什么东西堵塞着吧？现在，您对我说，'保全你的身体，保持你的天性，不要让自己过于思虑营求。'我努力求道，但也只是耳朵听到了而已，心中仍然没有领悟。"

庚桑楚说："言语也只能说到这个地步了。小蜜蜂不能孵化豆霍中的大青虫，小鸡不能孵化天鹅蛋，但大鸡却可以做到。鸡和鸡的德性没有什么不同，但是才能有大有小，这也是本来就存在的差别。现在，我的才能太小，不能教育你通达大道，你为什么不去请教老子呢？"

于是，南荣趎背着粮食，走了七天七夜到了老子所住的地方。老子说："你是从庚桑楚那里来的吗？"南荣趎说："是的。"老子说："你为什么要和这么多人一起来呢？"南荣趎听了连忙慌张惊惧地看着自己的身后，还以为真的有一群人跟自己一起进来了。老子说："你不知道我说的是什么意思吗？"南荣趎听了低着头，非常惭愧，一会儿，又仰天长叹，说："现在，我忘记了我要怎么回答，因此，也不知道我要问什么了。"老子说："这是什么意思呢？"

南荣趎说："不用才智的话，人们就会说我愚昧，运用才智的话，又发愁对自己的身体有损害；没有仁爱之心就会害人，但有仁爱之心的话又会因为忧虑而伤神；不义的话别人会受到伤害，而行义又容易危害自己。我怎么样才能避免这样的处境呢？以上这三种情况，都是我所忧虑的，希望能够向您请教。"老子说："刚开始的时候，我看到你的眉宇之间有这三种忧虑，因此，我才会那样问你，现在你的回答又证实了我的推测。你失神的样子就好像失去父母一样，好像高举着作为标识的竿子去茫茫大海中寻找东西一样，你这样的迷茫，想要返回自己的真性情之中却找不到办法，真是可怜啊！"

南荣趎于是请求跟随老子一起学习，恢复心灵的虚静，摒除自己身上不好的东西。过了十天，却仍然感觉愁烦，于是再一次去拜见老子。

老子说："你自己清洗自己的心灵，为什么却仍是这样闷闷不乐呢？可见在你心中，仍然有不好的东西没有清除干净啊！外在的一切束缚自己的东西，一定不能让它扰乱自己，要关闭内心，坚守心灵的安宁；内心受到外物的干扰和束缚不能平静时，一定要关闭外在的耳目，杜绝心思外驰。如果内在或者外在受到干扰了，那么，即使有道德的人都难以自处，更何况是像你这样才刚刚开始学道的人啊！"

南荣趎说："乡里有个病人，乡人问他是什么病，如果生病的人能够对别人讲出自己的病，这样的话他虽然病了，却好像没有病。而我自己，听了您所讲的大道，却好像吃了药，但病情反而加重了一样，我只是想要听一些养生的方法就好了。"

老子说："养生的方法，你能保持自己纯一的本性而不失吗？能够不用占卜就知道吉凶吗？能让人止于自己的本分而知足常乐吗？能够抛弃别人而只求自己吗？能来来往往无拘无束吗？能混混沌沌懵然无知吗？能做到像婴儿那样吗？

婴儿整天都在啼哭但他的嗓子不沙哑，那是因为他气息醇厚；婴儿整天握着拳头但他的手不会抽筋，这是因为合于他的自然本性；婴儿整天都盯着东西看而能目不转睛，那是因为他的心不会向外奔驰。行走的时候不知道自己要到哪里去，安静下来又不知道自己要做什么，随顺事物的变化而变化，这就是养生的道理了。"

南荣趎说："那么，至人的德行是不是就是这样的呢？"

老子说："不是的，这只是像冰雪融化那样，心中的块垒消逝而已，却还不能算是圣人的境界啊。真正的圣人，他们依靠土地获得食物，又以恢复天性的自然为乐，不因为外物的利害而让自己的心灵受到干扰，不标新立异，也不和别人出谋划策，他们就是自由自在地往来于天地之间，以此来保全自己的生命。"

南荣趎说："那这样算是最高的境界了吗？"

老子说："不是，我曾经告诉你说，'能像婴儿那样吗？'婴儿行动却并不知道自己要做什么，行走却不知道自己要到哪里去，身体就像一段干枯的木头，心灵就像烧尽的死灰。如果能够做到这样，福祸都不会来干扰你，没有福祸，又哪里会有什么灾害呢？"

《庄子·杂篇·庚桑楚》

徐无鬼见魏武侯（一）

徐无鬼在女商的引荐下去见魏武侯，魏武侯慰劳他说："先生实在太疲困了，您是因为苦于山林生活的困顿，才来见寡人的吧？"

徐无鬼说："我是来慰劳您的，您又何必慰劳我呢？如果您继续满足自己的欲望，增长自己的喜好和厌恶之情，那么，您的性命就非常让人担忧了。但如果您去掉自己的欲望，抛弃善恶好坏的分别的话，您的耳目等感官又会觉得不舒服，我将要好好慰劳您，您又何必慰劳我呢！"魏武侯听了，一副惘然自失、不知所云的样子。

过了一会儿，徐无鬼说："我希望通过我相狗的事情告诉您一些道理。下等资质的狗，吃饱了就停下来，这和野猫的才性是一样的；中等材质的狗，看起来傲然独立，就好像是仰着头看着天上的太阳，一副神气十足的样子；上等材质

的狗，看起来昏昧无知，好像已经完全忘记了自己的身体。然而，我相狗又不如我相马。我相马的时候，看马的进退旋转，直的时候像绳子一样，弯的地方又像曲钩，方的像矩，圆的像规，这样的马，一定是一国之中的好马，然而，这还算不上是天下的好马，天下的好马，本身就有良好的材质，闷闷然没有任何思虑，就好像已经忘记了自己一样。如果是这样的马，它奔跑起来一定是超越凡马，绝尘而去，不知道要跑到什么地方。"魏武侯听了，哈哈大笑起来。

徐无鬼出来，女商对他说："先生您是怎么样让我们的国君高兴的呢？我以前跟国君讨论，横说就是《诗》、《书》、《礼》、《乐》，纵说则是《金板》、《六弢》，只要国君能把这些都用在国事的治理上，那么，收到的功效将不可胜数，然而，即使这样，国君从来都没有笑过一次。现在，先生您到底跟魏君说了什么，能够让他如此高兴？"

徐无鬼说："我就直接告诉他我相狗和相马的事情。"女商问："仅仅是这样吗？"徐无鬼说："你难道没有听说过逃亡到越国的人的故事吗？如果才离开自己的国家几天，那么见到自己的知己朋友便会非常高兴；离开一个来月，看到曾经在自己国家见过的人就会非常高兴；离开一年之后，看到长得像自己国家的人都会非常开心，为什么呢？这是因为，离开得越久，思念也就越深啊！有些人逃到了空旷无人的荒野上，到处都是茅草，茂密得甚至把黄鼠狼的道路都堵塞了，长久在这样的野地里生存，那么，只要听到人的脚步声就会非常高兴，更何况是父母兄弟、亲戚朋友在自己的身边谈笑呢？魏君没有听到真正的得道之人的言论实在太久了，所以他才会如此开心啊！"

《庄子·杂篇·徐无鬼》

徐无鬼见魏武侯（二）

　　徐无鬼去拜见魏武侯，武侯说："先生您一直居住在山林之中，吃着野橡子和板栗，做饭也不缺葱和韭菜，蔬食饱足，离开寡人已经很久了。现在来见寡人，是因为自己年纪大了吗？还是想要帮助寡人给这一国带来荣耀和福祉啊！"

　　徐无鬼说："我自己出生贫贱，从来不敢奢望能够吃到国君您的酒肉，我是来慰劳您的。"魏武侯说："什么？您准备怎么样慰劳寡人？"徐无鬼说："我将要好好慰劳您的精神和形体。"魏武侯说："这是什么意思呢？"徐无鬼说："天地生成万物都是平等的，身居高位不能以领导者自居，铺张享受；地位卑微也没必要觉得自己卑贱，潦倒废食。大王您作为一国之君，却劳苦天下千千万万的百姓来满足自己眼耳鼻口的享受，这样，您的心神就不会安宁。心神总是喜欢和谐、恬淡，厌恶酒色财气的干扰，酒色财气的干扰就是一种

232

心神的疾病。因此，我要来慰劳您，只是，您会患有这种病，是为什么呢？"

武侯说："我想见先生您已经很久了。我想要爱护我的百姓，为了仁爱和道义停止战争，这样可以吗？"徐无鬼说："不行，爱护百姓就是伤害百姓的开始，为了道义而停止战争就是战争的开端，您要是想要这样做的话恐怕是行不通的。凡是有心要成就美好的东西，便是恶的开始。您虽然想要施行仁义，但这几乎是一种虚伪！追求有行迹的东西必然落入虚伪，成功必然会招致失败，内心有妄想，外面必然会有祸患跟随。请您一定不要将兵甲陈列在楼台之间，不要将骑兵集合在宫殿之前，不要在内心隐藏悖逆之心，不要依靠巧智去战胜别人，也不要凭借阴谋和战争去打败别人。

杀害别国的人民，兼并别人的土地，以此来满足自己的私欲和心神，这样的战争不知道有什么好处，也不知道胜过别人的地方在哪里。不如您还是消除自己的爱民之心，一心修养胸中的诚意，顺应万物的自然情状而不去人为地干涉，这样的话，人民已经从死亡中摆脱出来了，哪里还需要您专门去停止战争呢？"

《庄子·杂篇·徐无鬼》

黄帝见大隗（wěi）于具茨（cí）之山

  黄帝准备去具茨山上与大隗见面，聪明的方明为黄帝赶着车子，美貌的昌宇坐在车的右边陪乘，博学多识的张若和习朋在马前做向导，保守混同的昆阍和言辞雄辩的滑稽在车后面当随从。走到襄城郊外，七个人都迷路了，没有人可以问问到底该往哪个方向走。

  这时候，黄帝正好看到一个放马的童子，便去向他询问道路："你知道具茨山在哪里吗？"那个小孩说："知道。"黄帝又问："那你知道大隗住在哪里吗？"小孩说："知道。"

  黄帝说："这个小孩真是与众不同啊，不仅知道具茨山的所在，而且还知道大隗住在哪里，那么，请问怎样才能治理好天下呢？"小孩说："治理天下就要清静无为，有什么需要多事的呢？权势、聪明、美貌、博学、混同、雄辩……一切不自然的东西都是多余的。我从小在广阔的天地之间遨游，正好当时我还有目眩的病，后来有一个悟道的老人对我说，'你可以在襄城的野外任意游玩'。现在，我的病已经好一些了，以后，我将要去天地之外的空虚寂寥之地去游玩了。治理天下就好像这样，我又何必多事呢？"

黄帝说："治理天下确实不是你的事情，然而，我还是想请问，到底应该怎么样才能够治理好天下呢？"小孩听了什么都没有说。

黄帝又问治理天下的方法，小孩说："治理天下和放牧牛羊有什么不同呢？都是消除了伤害自然之性的事情就可以了啊！"黄帝于是再次叩头，称呼小孩是'天师'，然后便离开了。

《庄子·杂篇·徐无鬼》

庄子论辩于惠子

庄子说："射箭时不依事先设定的目标而误中，如果这样就算是射箭高手的话，那天下的人都能叫后羿了，你说是这样吗？"惠子说："是的。"庄子说："天下并没有公认的真理，如果每个人都认为自己的见解是正确的话，那是不是说每个人都可以称作是尧了呢？"惠子说："是的。"

庄子说："现在儒、墨、杨、公孙龙四家，加上你，一共是五家，究竟哪一家是正确的，哪一家是错误的呢？或者说都是像鲁遽那样吧，鲁遽的弟子对他说，'我已经得到夫子您的道了，我能够在冬天烧鼎，在夏天造冰了'。鲁遽说，'那只是用阳招引阳、用阴招引阴的法术而已，并不是我所说的道。我给你们看我真正的道吧。'于是鲁遽为他调整好琴瑟的音调，一张放在堂中，一张放在室内，鼓动这一张的宫音，另外一只的宫音就会震动，鼓动这一张的角音，另一张的角音就会震动，它们的音律总是同步的。如果改动其中的一根弦，让它和五音都不相同，然后再去鼓动它，那么，其他二十五弦都会发生震动，这并不是说声调上有了不同，而是以改动的那一根作为主音罢了。你们也都像鲁遽这样自以为是吗？"

惠子说："现在，儒墨杨公子龙四家都在和我辩论，相互攻讦对抗，互相都想要压服对方，然而，他们却从来都辩论不过我，怎么能说我和鲁遽一样呢？"庄子说："齐国有一个人，将自己的儿子丢在宋国，因为他儿子的身体残缺，所以就让他做一个看门人。然而，当他得到一件精美乐器的时候，却要把它好好地包裹保存起来。他想要找寻自己的儿子却从来没有走出村子一步。这都是因为他忘记了自己的本源，忘记了儿子才是自己的家人，而错误地将外物看得更加重要。楚国有一个寄居着的守门人，半夜请求船夫将他带回自己的家乡，然而，船还没有靠岸，他就和船夫打斗起来，他不知道，这样他根本就回不到自己的故乡。这些，都是忘记了自己最重要的东西，因自己的私心和意气而迷失在半路上的人啊！"

《庄子·杂篇·徐无鬼》

运斤成风

　　庄子去送葬，路过惠子的坟墓，便回头对旁边的人说："楚国都城有一个人，他的鼻尖落了一点灰，就像苍蝇的翅膀那么薄，他去让一个匠人帮他砍削掉鼻尖的灰。匠人挥动自己的斧头，像风声一般呼呼作响，那个人则站立着一动不动，任凭匠人砍削，结果，灰尘全部被砍去而鼻子没有丝毫损伤，那人也一动不动，没有一点惊慌的神色。宋元君听说了，便把匠石招来，说，'请你也为我砍削一次鼻子上的泥点吧'。匠人说，'臣以前是可以做到的，然而，现在能让我再次做到这一点的对象已经死了很久了。'自从惠子死后，能和我辩论的对象也已经没有了，再也没有人可以跟我辩论了。"

《庄子·杂篇·徐无鬼》

管仲有病

　　管仲生病了，齐桓公来询问他的病情，对他说："仲父啊，你的病情已经这么严重了，有些话已经不能不说了。一旦你病危，我把国事委托给谁才好呢？"管仲说："你想要把国事委托给谁呢？"齐桓公说："你觉得鲍叔牙怎么样？"管仲说："不行，鲍叔牙的确是个廉洁的善士，然而，他对于不如自己的人从来不去亲近，而且，一旦听到别人的过错便终生不会忘记，如果让他治理国家的话，向上会违逆君主的意思，向下则会违反民意，他一定会得罪君主，不会有太长的寿命。"

　　齐桓公说："那么，你觉得谁可以呢？"管仲说："如果实在没有办法的话，隰朋差不多可以。他的为人，在上的人不会记得他，在下的人不会背离他。他一直都惭愧自己不如黄帝并且会哀怜那些不如自己的人。将自己的德行施加给众人的人叫圣人，将自己的财物分给众人的人叫贤人。自认为贤能而居高临下的人，从来都不能得到别人的心，相反，那些自己虽然贤能却仍然能够礼贤下士的人，却没有一个不会得到民心。他无论对于国事、家事，都有所不闻、有所不见，如果不得已的话，可以把国事交给他。"

《庄子·杂篇·徐无鬼》

吴王浮于江

　　吴王渡过长江，登上一个猕猴居住的山丘，群猴见了他，都惊恐地转身逃走，向那荆棘茂密的地方奔去。唯独有一只猴子，不但没有逃跑，反而从容自得地在吴王面前奔腾跳跃，向吴王展示着自己的灵巧，吴王于是用箭射它，猴子敏捷地用手将箭接住，吴王于是命令左右善于射箭的人都将箭飞速地射过去，猴子终于接不过，被射中，死了。

　　吴王回头对他的朋友颜不疑说："这只猴子，夸耀他的灵巧，依仗他的敏捷便向我展示他自己的骄傲，因此才会殒身死命，这难道不值得我们警戒吗？哎，千万不要在别人面前表现出骄矜的神色啊！"颜不疑回来，拜董梧为自己的老师，让他帮助自己除掉身上的骄矜之心，去除欲望，抛弃荣显的身份，修行了三年之后，国人无不赞扬他的德行了。

《庄子·杂篇·徐无鬼》

南郭子綦（qí）隐几而坐

南郭子綦靠着几案坐着，仰面朝天，慢慢地向外吐着气息。颜成子进来看见了，说："夫子啊，您真是出类拔萃的人啊，人的形体固然可以像枯干的木头那样没有生机，一动不动，但是，人的心难道也可以像死灰那样平静，不起一点波澜吗？"

南郭子綦说："我曾经在山中的洞穴里居住，那时，齐王田禾来到山中看我，他一到来，齐国的百姓就再三祝贺，说齐君能够得到贤士。那么，一定是我先有名声在外面了，因此他们才会知道。我一定是我先有意出卖自己的名声，他们才会因为见我这件事情而在别人面前炫耀。如果在外面我没有名声，那别人又怎么会知道有我这样一个人？如果不是因为我出卖了自己的名声，别人怎么会以见我而炫耀于人？哎，我替那些丧失了自己真性的人而悲哀，又替那些替别人丧失真性而悲哀却不能自觉的人而悲哀，进而悲叹那些对别人的悲伤表示悲伤的人，就这样，我自此之后便远离了悲哀，逐渐到达了心如死灰、平静无染的状态了。"

《庄子·杂篇·徐无鬼》

仲尼之楚

　　孔子到楚国去，楚王亲自用好酒来款待他，孙叔敖拿着酒器站在一旁，市南宜僚拿着酒洒在地上祭祀，说："我们先代伟大的圣人啊，请您在此讲出您智慧的话语吧！"

　　孔子说："我曾经听说过没有语言的言论，以前还从来没有对别人讲过，现在，我想在这里说一说。楚国白公胜和大夫子西之间有战争，都去请市南宜僚帮忙，市南宜僚却只是把玩着手里的两个小球，不置一词，最终两家各自解兵而去。还有孙叔敖安然寝卧、手执羽扇，却能够让敌人息兵，这些都是没有言语却胜过有言语的例子，哪需要我多嘴再说什么呢！"

　　这样的做法就叫做没有言语而大道自在其中，不需要语言却胜过所有的论辩。德都要归于那无上的道之中，言论在智力达不到的地方就停止了，那么，言论所到达不了的地方

244

就是道的极致啊。

道所包含的范围并不是德就可以全部囊括的，智力所不能到达的地方，也不是用语言可以论辩清楚的。如果像儒家和墨家那样争论不休的话，最终只会招来不好的后果。大江不会拒绝接受东来的河水，因为这样才能成就它的博大。圣人的胸怀包蕴天地万物，他们的德泽也惠及普天之下，却没有人知道他们是谁，活着的时候，他们没有爵位，死去之后，他们也没有谥号，他们不聚敛财富，不追求名利，这样的人，才能真正称得上是圣人。

狗并不会因为更加善于叫唤就被认为是好的狗，人也并不会因为更会说话就被认为是贤人，更何况是真正的圣人呢？那些有心追求成为伟大的人并不是真正的伟大，更何况是修养道德呢？如果要说伟大完备，那没有什么能比得上天地了，然而，它们又追求过什么呢？但它们那么的广大无私，德行完满。因此，那些真正德行完美的人，他们没有追求，没有失去，也没有舍弃，不会因为外物而改变自我，总是不断地反省自身的问题，遵循古人的教导却又不矫揉造作、耗费心机，这才是真正圣人的德性啊！

《庄子·杂篇·徐无鬼》

子綦有八子

　　子綦有八个儿子，他让他们都排列在面前，叫九方歅 (yīn) 来给他们相面。子綦对九方歅说："请你为我的儿子们相面，看看谁将来有福气。"九方歅说："梱 (kǔn) 将来会比较有福气。"子綦听了非常高兴，说："是什么样的福气呢?"九方歅说："梱将会和国君一同饮食，一直待在国君身边，直到终老。"子綦听了，悲伤地流下眼泪，说："我的儿子为什么要走到这样的绝境中去啊!"

　　九方歅说："和国君在一起，这是几辈子修来的福气啊，德泽足以布及三族，更何况是自己的父母兄弟呢，你们应该为有这样的儿子而高兴啊，可是现在您在哭泣，这是拒绝接受福气的表现，儿子有福了，可是父亲却没有享受福分啊!"

　　子綦说："九方歅啊，你哪里知道事情的真相呢?你说这是梱的福气，但是，这种福气只是局限在酒肉的享受罢了。是的，天天好酒好肉确实算是充分满足自己耳目鼻口的欲望了，可是他却不知道这些东西是怎么来的。我从来没有放过牧，可是羊却出现在了屋子里，我从来没有打过猎，可是鹌鹑却也出现在了房子里，人们从不对此感到奇怪，这是为什么呢？我和我的儿子遨游于天地之间，我们的乐趣是来自天的乐趣，我们的食物是来自地的食物，我们不刻意地去做什么事情，不谋划什么，只是顺应天地的自然德性而不用人为地去干扰它，我们随心地去面对事情却从来不会被事情牵着鼻子走，现在却得到世俗的享乐！凡是有不祥征兆的，必定会有不祥的事情，我的儿子将来危险了呀，而这也并不是我和儿子的罪过，是天降给我们的灾难啊！所以我会哭泣。"

没过多久，梱就被派往出使燕国，半路上被强盗抢劫，强盗们认为，将他作为一个健全人卖出去很难，不如将他的脚砍断以后再卖。于是便将砍断双脚的他卖到了齐国，正好替渠公看守大门。此后果真一辈子吃肉，直到终老。

《庄子·杂篇·徐无鬼》

啮缺遇许由

　　啮缺遇见了许由，对他说："你要到哪里去呢？"许由说："我要出去躲开尧。"啮缺说："这是什么意思呀？"许由说："尧，天天都在勤勤恳恳地努力施行仁义，我恐怕天下之人以后将要讥笑他，后世将要出现人和人互相蚕食的景象啊！人民并不难聚集，你爱护他们，他们便会来亲近你；你让他们受益，他们便会来接近；赞扬他们，他们便会更加勤勉；但是如果要将不好的东西强加在他们身上，他们便会离散。如果爱人和利人的名声都是从是否实行仁义来评价的，那么，抛弃仁义的人就会很少，而用仁义的名声来获取利益的人便会很多。仁义的行为，不仅没有诚意，而且很容易成为那些贪婪之人争名夺利的工具，因此，用一个人的决断来治理天下，就好像希望通过一瞥就能治理天下那样不可能。尧仅仅知道贤人能够治理天下，却并不知道贤人也可能会祸害天下，只有那些忘记仁义贤能的人才能懂得这个道理呀。"

《庄子·杂篇·徐无鬼》

则阳游于楚

则阳出游到楚国，夷节向楚王引荐了则阳，然而，楚王没有接见他，于是则阳便回去了。后来则阳见到了王果，便对王果说："夫子啊，您为什么不能向楚王推荐一下我呢？"

王果说："我不如公阅休。"

则阳说："公阅休是一个什么样的人呢？"

王果说："他冬天的时候在大江上钓鳖，夏天的时候在山林中休息，有过路的人问他，他便跟人家说，这大自然就是他的居所。夷节都不能说服楚王见你，更何况是我呢？我还不如夷节呢。夷节的为人，不讲什么德性，但他智力过人，也不因此而骄傲，而是利用自己的机智拓展自己的交际，长期悠游于名利富贵繁华之地。跟人相处，从来不会和对方在道德方面相互促进，反而是互相消耗对方的德性。那些受冻的人便会思念春天的暖和，中暑的人反而会怀念冬天的冷风。

楚王的为人，外表看起来就非常严肃，他对于罪犯，往往像老虎一样凶恶，从来不轻易宽恕。如果不是非常有才辩的人，或者是德行非常完满的人，谁能够让他屈服呢！真正的圣人，虽然穷困，却能够使家人忘记穷困；虽然富贵，却能够让王公贵族忘记自己的俸禄，变得虚心而谦卑。他们能够和万物和谐相处，与人在一起，又能够在随顺别人的同时保全自己。因此，他们就算不说话，都能让身边的人感觉到温和，和别人站在一起，就能让人感觉到像父子一样的亲切。只是，虽然他们有这种德行，却常常都在隐居，一般不会随意现身，他们的心和普通人充满欲望和争斗的心是完全不同的，因此，我希望你等待公阅休，这样你见到楚王的可能性才更大。"

《庄子·杂篇·则阳》

魏莹与田侯牟约

魏惠王魏莹和田侯牟订立盟约，田侯牟却背信弃义，毁掉合约，魏莹于是大怒，准备派人去刺杀田侯牟。

公孙衍听到了，认为魏君要去刺杀的行为很可耻，便对魏莹说："大王，您作为堂堂一国的君主，为什么却要像见识短浅的匹夫一样去找人报仇呢！我请求您授予我二十万的精兵，我为您去攻打齐国，俘虏他的百姓，夺走他的牛马，让他因为内心焦急，后背生出毒疮而死，然后一举攻下他的国家。如果田忌逃走了，我就用鞭子鞭打他的背，直到打断他的脊梁骨为止。"

季子听说了公孙衍的话，觉得公孙衍可耻，他说："建造一座十丈高的城墙，已经建成七丈高了，却又要将它毁坏，这是那些服劳役之人的辛苦之作啊。现在，我们已经有七年没有起兵了，这是成就霸王之业的根基，公孙衍是一个制造祸乱的小人，不能听他的话啊！"

华子听到了季子的言论，觉得他见识太过浅陋。他说："那些说一定要攻打齐国的人，是引起战乱的人。那些说一定不要攻打齐国的人，同样也是引起战乱的人，说打仗和不打仗都引起祸乱的人，他自己本身也是祸乱的根源。"魏王说："那你说应该怎么办呢？"华子说："您只要寻求大道就可以了。"

惠子听说了，向魏王引见戴晋人，戴晋人说："有一种叫蜗牛的动物，您知道吗？"魏王说："知道啊。"戴晋人说："在蜗牛头的左角上有一个国家叫触氏，在蜗牛的右角上有一个国家叫蛮氏，这两个国家，经常因为争夺地盘而战斗，为此战死的百姓有数百万，追逐败兵都需要半个多月才能够回来。"

魏王说："啊，您这一定是虚构的故事吧。"戴晋人说："不是，我能够实实在在地给您讲出来。您觉得上下四方有穷尽吗？"魏王说："没有，没有穷尽。"戴晋人说："那么，如果您的心遨游在上下四方的无尽虚空之中，然后再回过头来看看大地上的国家，您不觉得渺小得像不存在一样吗？"魏王说："是啊！"戴晋人说："大地上的国家之中有个魏国，魏国有都城叫大梁，大梁有您魏王，那么，魏王您和蛮氏有什么区别呢？"魏王说："没有区别。"戴晋人出来以后，魏王怅然若有所失。

惠子去拜见魏王，魏王说："戴晋人是个圣人啊，尧舜都比不上他。"惠子说："您去吹一个竹管，都能发出清亮的声音，您剑环上的小孔，却只能发出细小的声音。大家都称赞尧舜，然而，如果将尧舜和戴晋人相比，那么，他们还都只是细小的声音而已。"

《庄子·杂篇·则阳》

孔子之楚

孔子到楚国去游历，住在山丘下面一个卖浆水的人家中。这家人的邻居都爬到屋顶上去观看孔子。子路说："这些人都纷纷爬上屋顶，他们是些什么人呢?"孔子说："都是一些圣人之类的人。他们将自己隐藏在百姓之中，藏身在田地陇亩之间，声名寂灭无闻，然而，他们的心在无穷无尽的大道中遨游。他们的嘴巴虽然在说话，他们的心却并没有说什么，他们看起来是和世俗悖逆不合，事实上只是不愿意同流合污罢了。他们都是些生活在朝市中的隐士，大概是市南宜僚吧。"

子路请求去将市南宜僚叫过来，孔子说："不用了，他知道我知晓他，我来到楚国，一定会让楚王召见他，他已经将我看作是谗佞的小人了，一定连听见我说话都觉得羞耻，更何况是让他亲自来见我呢！你还有什么好去询问的呢?"子路去市南宜僚家里看，果然，他家里已经空无一人了。

《庄子·杂篇·则阳》

长梧封人问子牢

长梧封人对子牢说："你处理政事千万不要鲁莽，治理百姓也不能粗疏。我以前种庄稼，耕种的时候，随随便便就种下去了，到最后，它也随随便便地回报了我果实；除草的时候，我糊糊涂涂地就锄过去了，到结果实的时候，它也草率地胡乱给了我一个普通的收成。近几年来，我改变了方法，精细耕作，认真地除草，于是，庄稼不仅枝繁叶茂，并且颗粒饱满，我一年到头都吃不完。"

庄子听了，说："现在的人，对待自己的身体，修养自己的心灵，大多数都如封人所说。他们逃避自己的天性，背离自己的性情，灭绝自己的情感，丧失自己的心神，这样鲁莽地对待自己的自然本性，也被自己的喜好之情所伤害。就好像是地里的芦苇戕害生长着的庄稼，最开始刚刚萌芽的时候，芦苇和庄稼一起生长，慢慢地，芦苇的长势就会超过庄稼，慢慢地，就会影响庄稼的生长。人也一样，慢慢失去本性，最后所有疾病一起发作、全部暴露，大疮小疮等等，都是太过于粗鲁地对待自己生命而造成的呀！"

《庄子·杂篇·则阳》

柏矩学于老聃

柏矩跟从老聃学习，一天，他对老聃说："我希望能够去游历天下。"老聃说："还是不要去了，天下也不过如此。"柏矩不甘心，又去请求，老聃说："那么，你准备首先从哪个国家开始游历呢？"柏矩说："我准备先去游历齐国。"

到了齐国，柏矩见到一个暴露在街头的罪人的尸体，歪歪斜斜地躺在那里，于是，他用手将他勉强推正，然后解下自己的朝服，盖在尸体上面，大声地仰天嚎哭，说："你啊你啊，如今天下有大的灾难，为什么偏偏就让你先赶上了？难道是因为你做了盗贼吗？还是因为你杀了人？自从天下的荣辱被规定出标准之后，不荣和受辱就成了人们不喜欢、想要竭力避开的事情；当天下的货物和金钱被聚集起来的时候，也就知道了人民将会为什么而争斗不休。

现如今的社会，那些容易让人民遭受祸害的东西，反而

被确立为是好的。那些容易引起人们争斗的东西被聚集起来，从而引发人们的争斗，使人的身体受到损耗，并且这种损耗无休无止。在这样的社会中生存，想要不遭受这种厄运容易吗？

古代的仁人君子，他们往往将得到的好处归功于人们，将失误归咎于自己，认为正义的一方在天下的百姓，而错误的则是自己，因此，只要是有一个人受到损害，他们就会退而自省。现在却不是这样，诱导人们去追逐身外之物却又怪罪人民迷失其中忘记自我；增加做事的困难程度却又责备人民不够勇敢；加重任务而又处罚那些不能胜任的人；无限地延长路程却又诛杀那些走不到的人。久而久之，人民智枯力竭，做不到便会伪装自己做到，在上的统治者都在弄虚作假，那么，上行下效，下面的百姓自然而然也便会学着弄虚作假。力量不够就会作假，知识不够就会欺骗，财物不足，盗贼就会兴起，盗窃纷起，这又该责备谁呢？"

《庄子·杂篇·则阳》

仲尼问于大史大弢、伯常骞、狶韦

　　孔子问太史大弢（tāo）、伯常骞、狶（xī）韦说："卫灵公这个人，好饮酒作乐，骄奢淫逸，不处理国家的政务，经常田猎捕兽，不参加国家之间的应酬和交际，但是他死之后，仍然能够得到灵公这样的谥号，这是为什么呢？"

　　大弢说："就是因为上面你所说的他的那些行为啊。"伯常骞说："灵公有三位夫人，他们一同在一个大的浴缸中洗澡，史鳅捧着御用的衣物进来，卫灵公恭恭敬敬地接过来。他虽然荒淫无度，但是见到贤能的人也能够非常恭敬地对待，这就是他之所以是灵公的原因啊！"狶韦说："卫灵公死后，通过占卜发现，葬在原来生前准备好的陵墓中不吉利，而葬在沙丘这个地方却很吉利。于是他便派人在沙丘这个地方重新挖掘坟墓，挖到几尺深时，发现一套石头做的棺椁，将上面的泥巴清洗干净再看，只见上面刻有这样的铭文，

'原葬者的子孙不能保住这个坟墓，灵公将要把它夺走自己居住。'由此看来，灵公谥号为'灵'已经是很早就决定的事情了，大弢和伯常骞又怎么会知道呢？"

《庄子·杂篇·则阳》

少知问于大公调

少知问大公调说："什么叫做丘里之言呢?"大公调说："丘里,就是指集合十几个姓氏、一百来户人家居住在一起,并且形成共同习俗的地方。这样的一个地方,能够将不同的东西集合形成一个整体的东西,也能够将本身是一体的东西分散成为不同的部分。现在,如果我们分别指出马身上的各个不同的部件,那么这些便都不可以称作是马,我们之所以能够将一匹系在面前的马称作马,那是马身上的各种器官成为一个整体的缘故。因此,小小的土丘聚集起来,就可以成为高山,江河将许多细小的直流汇集到一起,便可广大深远,大人也是能够吸收和消化许多不同的言论,因此才能归于大同。

因此,面对从外面而来的各种言论,我们内心虽然需要有自己的主见,但也不能过分执著自我;从自己心中说出去的

话语，即使遭到别人的批评，也一定不能拒绝接受。四时的气候不同，然而上天没有任何偏私，因此才会年年都有收成；五官的官职各不相同，君主却能无所偏爱，因此国家才能够得到治理；文治和武功，圣人不会偏执，因此德行才能够完备；万物的道理各不相同，道却广大而没有偏私，因此才能无所名状。无所名状才能够做到无为，做到无为才能够做到无所不为。时间有始有终，世间充满了变化，祸福相互依赖，变化无常。相互违逆的事物有时却可以相互适宜，从不同的方向出发，明明方向都是正确的，最后也会偏离正道，出现偏差。就像一片大的水泽，成千上万的树木都在它那里扎根生长；就像在大山，所有的木石都以它作为基石生长。这种能够调和一切的不同而成就的言论就是丘里之言了。"

少知说："那么，将丘里之言称作是道，可以吗？"大公调说："不可以。现在我们统计事物的数目，远远超过一万，然而称呼事物还要说是万物，这是用最大的数目来统称它。因此，天地，是形体最大的代表；阴阳，是精气最大的代表，道是天地万物中至为公正的东西，因为它的广大邈远，因此，只用一个'道'字来表示是可以的。然而，如果已经有了大道的名称，又想用丘里之言来比喻它，这样就不可以了，大道和丘里之言相比，就好像马和狗相比，其间的差距实在是太大了。"

《庄子·杂篇·则阳》

庄周家贫

庄子家中很贫穷，便去向监河工的官员借一点米，监河工说："好吧，我准备年底向百姓征收好税粮之后借给你三百金的粮食，这样可以吗？"

庄子听了，脸色一沉，生气地说："我昨天来的时候，半路上听到有人叫我，我环顾四周，发现在车辙中有一条小鲫鱼。我问它，'小鲫鱼，你过来一下，你在这里做什么呢？'那条小鱼说，'我是东海中的一条小鱼，您有斗升的水可以救活我的性命吗？'我说，'好的，我准备向南去游说吴国和越国的君王，然后引西江的水来救你，这样可以吗？'小鲫鱼听了，生气地脸色大变，说，'我现在离开了水，没有地方安身，我只需要斗升的水就可以活命，如果像你说的那样的话，你还不如早点去卖干鱼的市场找我呢！'"

《庄子·杂篇·外物》

任公子为大钩巨缁（zī）

　　任国的一位公子做了一个巨大的钓钩，用粗大的黑绳作为钓绳，以五十头牛为诱饵，蹲在会稽山，将自己的鱼竿投向广阔的东海，日复一日地这样垂钓着，等了一年都没有钓到一条鱼。后来，有一条大鱼吞掉了鱼饵，嘴里衔着巨大的钓钩没于水下，一起一伏，奋力伸展自己的鱼鳍上下乱跳。海水掀起白色的波浪，如山那样高大，海水猛烈震荡，发出的声音像鬼神的怒号，即便在千里之外听到，都足以让人心惊。

　　任公子得到了这条鱼，便回家将它剖开晾干，从制河以东到苍梧山以北的人都吃到了这条鱼。后来，一些道听途说的见识浅薄之人都奔走相告，对这件事情非常惊讶。那些拿着细绳，在一些小沟渠中钓小鱼的人，他们又怎么可能得到大鱼呢？想要通过浅陋的言辞来获取巨大的荣誉也是同样的道理。因此，那些从来没有听说过任氏不汲汲于眼前小利的风度的人，就不能跟他谈论经邦治国的大道啊！

《庄子·杂篇·外物》

儒以《诗》、《礼》发冢

　　儒生们依照《诗》、《礼》中的话语去挖掘坟墓，大儒生在上面传话，说："太阳就要出来了，事情进展得怎么样啊？"下面的小儒生说："还没有来得及解开下面的衣裳和短袄，他的口中含着一颗宝珠。"待在上面的大儒生说："《诗经》中说过，青青的麦苗生长在山坡上，活着的时候不懂得布施自己的钱财，死了却把宝珠含在自己的嘴巴里，这有什么用呢？你揪住他的两鬓，压住他的胡须，用铁锤敲击他的下巴，慢慢地分开他的两腮，然后将珠宝取出来，注意，一定不要损害到口中的珠宝！"

　　　　　　　　　　　　　　　　《庄子·杂篇·外物》

老莱子之弟子出薪

　　老莱子的弟子出去打猎，路上遇上了孔子，回来以后，他们对老莱子说："我们在砍柴的路上遇到一个老者，上身修长而下身短小，稍微有点佝偻，耳朵贴在脑后，看起来好像有经营四海的愿望，这不知道是谁家的儿子。"老莱子说："这就是孔子，你们去把他叫来。"

　　孔子来到老莱子的住处，老莱子说："孔子啊，去掉你骄矜的神色和机智的容貌，这样你就可以成为一个君子了。"孔子听到了，恭恭敬敬地作了一揖，便往后退，神色不安地问道："我的德业还可以进步吗？"老莱子说："你不忍心看到一世的混乱而想办法治理，殊不知你的办法却为后代万世埋下了祸根，这是因为你太过浅陋呢，还是因为这是你的头脑思考不到的东西？将布施恩惠让别人开心当成是自己的骄傲，这实在是终生都会为之羞耻的事情，是普通人的作为罢了。而隐居之士，同样也在相互推引赞誉来彰显自己高洁的名声。与其赞誉尧而毁谤桀的作为，还不如彻底地忘掉是非。违反自己清净的本性就会受到伤害，妄动也不免流于邪僻无知，真正的圣人往往都是在不得已的时候才出来做事，而这时候，他们所做的事情也往往能够成功。你啊，为什么一定要心有所为，一定要摆出这样一副矜持的样子呢？"

《庄子·杂篇·外物》

宋元君夜半而梦人被发窥阿门

宋元君睡觉，半夜梦到有一个人，披散着头发，从旁边的小门中窥探自己，对他说："我来自一个叫宰路的深水中，作为清江的使者去见河伯，被渔父余且捕获。"

宋元君醒来，便派人去占卜，占卜的人说："这是一只神龟。"宋元君说："有一个叫余且的渔父吗?"左右的侍从说："有。"宋元君说："让余且明天早晨来朝见。"

第二天，余且便去朝见宋元君。宋元君说："你捕鱼的时候得到什么了?"余且说："我得到了一只白龟，方圆有五尺宽。"宋元君说："请将你的白龟献出来吧。"

白龟被送来以后，宋元君几次都想杀掉它，但几次又都救了它。心中实在犹豫，便让人去占卜，占卜的人说·"杀掉这只龟来占卜，大吉。"于是，宋元君便派人将龟剖开、挖空，用它的壳来占卜，占卜了七十二卦都没有不灵验的。

孔子说："神龟能够给宋元君托梦，却不能避开余且的渔网；能够灵验到占卜七十二卦而没有失误却不能躲开被挖壳的祸患。由此看来，智力自有其到达不了的地方，神灵也有考虑不到的地方。即使有人拥有最高的智慧，但仍然比不上所有的人一起来谋划，鱼儿不害怕渔网却害怕捕鱼的水鸟，众人智慧的结晶才更完美。去掉小智小谋，那大的智慧就会显露，去掉自以为是的为善之心，那么，所作所为自然都是善良的事情。婴儿生下来，没有伟大的老师教导，却能够自己学会说话，那是因为他时时刻刻生活在能够说话的众人之间啊！"

《庄子·杂篇·外物》

惠子谓庄子曰

惠子对庄子说："我觉得，你讲的话对人们而言实在是没有什么用处。"庄子说："知道没有用才可以和人们谈论什么是真正的有用。天地是那样的广大，人们能够用到的也仅仅是双脚站立的那一小片地方，然而，如果你因此将脚两旁的地方全部挖掉，直到黄泉，那么，人的双脚所站立的那一小片地方还有用吗?"惠子听了，说："没用。"庄子说："那么，无用才是最大的有用，这个道理应该很容易明白了吧。"

《庄子·杂篇·外物》

曾子再仕而心再化

　　曾子觉得，他第二次出来做官的时候，心境和第一次有所不同了，他说："当我的父母在世的时候，我虽然只有三釜的俸禄，但心里很高兴，后来，当我的父母去世的时候，我虽然领着三千种的俸禄，却再也高兴不起来了，因为我已经再也没有机会侍奉在他们身边了，因此，我觉得很悲伤。"

　　孔子的弟子听了，问孔子说："像曾参这样的人，可以说是不被利禄牵绊的人吗？"孔子说："还是有所牵绊啊，如果一点都没有被牵绊的话，还会有悲哀吗？那时候，他看到三釜和三千种，就好像是看到麻雀和蚊虻从眼前飞过一样，根本不会在意。"

《庄子·杂篇·寓言》

众罔两问于影曰

影子外的微影问影子说:"你之前俯身现在却仰起,从前束拢头发现在却披散着头发,之前坐着现在站立,之前行走现在却停下来,这是为什么呢?"

影子说:"这只是区区小事,有什么需要问的呢?我有这样的表现,但不知道为什么会这样,我应该像蝉壳一样吧?或者应该像蛇皮一样吧?或者说跟它们类似又有所不同。火和阳光,是让我能够显形的原因,阴暗与夜晚,是让我消逝的因素。那些有形有象的东西是我所要依赖的,就好像有形有象的东西又自有它所必须依赖、才能存在的事物。有形的东西来,我就和它一起来,有形的东西去,我就和它一起去,有形的东西闲荡,我就跟着闲荡,既然是悠悠闲荡,那又有什么好问的呢?"

《庄子·杂篇·寓言》

阳子居南之沛

阳子居要南下到沛地去，老子要西游到秦地去，阳子居
在沛地的郊外迎候老子，但直到到了梁国才遇见老子。中途
老子便仰天而叹，说："刚开始的时候，我还以为你可以教
导，现在看来，还是不可以啊！"

阳子居什么话都没有说。到了旅店，阳子居替老子递上
洗漱用品，又把鞋子脱在门外，双膝跪到老子面前，说：
"之前，弟子想要请教夫子，但看着夫子一直前行没有空闲
因此一直不敢，现在，我们停下来休息，因此想请问先生，
我不可教导的原因。"老子说："你一副骄傲自大的样子，谁
愿意和你一起呢？那些洁身自好品行高洁的人觉得自己身上
仍有污点，那些德行高尚的人仍然觉得自己做得不足因而非
常谦卑，哪有像你这样骄傲自大的人呢？"阳子居听了，一
脸惭愧地说："敬听先生的教诲了。"

阳子居刚到沛地的时候，旅舍的人全部出来迎接他，旅店的男主人为他安排坐席，旅店的女主人为他递上梳洗用具，休息的人站立起来，做饭的人离开灶台，大家都对他充满敬畏。然而，到他走的时候，旅舍的人已和他打成一片，都开始和他争夺席子了。

《庄子·杂篇·寓言》

尧以天下让许由

尧要把天下让给许由，许由却不接受。尧又将天下让给子州支父，子州支父说："让我去做天子还是可以的，然而，我现在正好有隐忧的病症，正忙着医治呢，还没有时间去治理天下。"天下的确是最贵重的了，但是也不能因为它而伤害自己的性命，更何况是别的东西呢？唯有那些不把治理天下当作一回事的人，才能将天下托付给他呀！

舜想将天下托付给子州支伯，子州支伯说："我正好有隐忧的毛病，现在正在忙着医治，因此没有功夫去治理啊。"天下实在是最为尊贵的宝物，但也不能用它来交换自己的生命啊，这便是得道之士和世俗争名好利之人不同的地方。

舜想要将天下让给善卷，善卷说："我立身在广大的宇宙之中，冬天穿着暖和的动物皮毛，夏天穿着清凉的葛布衣服；春天耕种，自己的身体可以得到充分的劳动，秋天收获，身体又足以得到应有的休息；太阳出来就出去劳作，太阳落山就回家休息，悠闲自得地居住在天地之间而心灵舒适，我要天下做什么呢？可悲啊，你根本不了解我。"于是拒绝舜的请求，离开舜而进入深山中居住，没有人知道他究竟住到了哪里。

　　舜又想将天下让给他一个住在石户的农民朋友去治理，石户的农人说："你做国君如此辛苦，花费了大量的精力却不懂得修养自己的德行啊！"他认为舜的德行还没有达到很高的境界，于是携妻带子，扛着东西隐居到了海岛上去了，终其一生都没有再回来。

《庄子·杂篇·让王》

大王亶父居邠

　　古公亶（dǎn）父在邠（bīn）地居住，狄人前来进攻。亶父给他们送去皮衣和金帛他们不接受，给他们送去牛马他们不接受，给他们送去金银珠宝他们也还是不接受，狄人想要的是这里的土地。于是，古公亶父对他的百姓说："和别人的兄长住在一起却要杀掉他的弟弟，和别人的父亲居住在一起却要杀掉他的儿子，这样的事情，都是我不忍心做出来的，你们一定要好好地生活下去。做我的人民和做狄人的人民，有什么不一样的呢？况且我听说，我们不能因为自己用来养生的土地而伤害所要养护的百姓。"说完便拄着自己的拐杖离开邠地。人民连续不断地跟随着他一起迁走，于是在岐山之下建成了新的国家。

　　古公亶父，可以算是尊重生命的人了，能够尊重生命的人，处在富贵中不会因为富贵而伤害自己的身体，处在穷困中，同样不会因为穷困而损伤自己的身体。然而现如今，身居高位的人，都因为太过于重视自己的功名爵位而失去自己最重要的身体，为了利益就轻易付出自己的生命，实在是被迷惑了啊！

《庄子·杂篇·让王》

韩魏相与争侵地

　　韩国和魏国互相争夺一块土地,子华子去见韩国的昭僖侯,昭僖侯脸上露出忧愁的神色。子华子说:"现在让天下人在您面前写下契约,上面写明,'左手拿到这份契约,那么右手就将被砍掉,右手拿到这份契约,那么左手就被砍掉,但是,只要拿到这份契约就可以拥有天下。'这样的话,你愿意去拿这份契约吗?"昭僖侯说:"我不愿意去拿。"

　　子华子说:"很好,这样看来,您的双臂是比天下贵重的,而您的身体又比两臂贵重。韩国的重要性远远比不上天下,而您现在所争夺的土地,和整个韩国相比,分量又要轻很多,您却还忧戚伤身唯恐得不到这块土地,您觉得值得吗?"

昭僖侯说："好啊，开导我的人很多，我却从来都没有听过这样的话。"子华子真的可以算是知道事情孰轻孰重的人了。

《庄子·杂篇·让王》

子列子穷

列子非常穷困，面有饥色。有人告诉郑国的相国子阳说："列子，应该也算是一个得道之士了，然而，居住在您的国家却如此穷困，难道是因为您不爱贤士吗？"子阳听了，赶紧派遣官吏给列子送去粮食，列子看见送来粮食的使者，再三拜谢，却最终没有接受。

使者离开以后，列子走进屋子里，他的妻子看到了，捶胸顿足道："臣妾听说，那些有道之人的妻子，都安逸快乐。我们穷困，已经有君王送来食物给我们，而先生您却不接受，难道是命中注定要这样穷困吗？"列子听了，笑着说："君王并不了解我，而是因为别人对他说的话才给我食物，到他想要降罪给我的时候，也会因为别人所说的话而定我的罪，这才是我不接受他食物的原因。"后来，人民果然起来造反，杀死了子阳。

《庄子·杂篇·让王》

楚昭王失国

楚昭王失去了国家，屠羊说跟随楚王一同逃走。昭王复国之后，要重赏当时跟随自己一起出逃的人，到了屠羊说，屠羊说说："大王您失去楚国的时候，屠羊说也失去了屠羊的职业，现在，大王复国，我也重新得到了自己屠羊的职业，臣的爵禄已经恢复了，还需要什么赏赐呢？"

楚王说："把赏赐强行给他。"屠羊说说："大王您失去国家并不是我的过错，因此我没有被诛杀，大王现在复国，也并不是我的功劳，因此也不敢接受您的赏赐。"

楚工说："我要召见他。"屠羊说说："楚国的律法规定，必须有重大的功劳要赏赐才能得到君主的召见，现在，我的智力不足以保全国家，我的勇力不足以让敌军溃败，吴国的军队闯入我国，我只是因为害怕遭受灾难而躲避敌寇，并不是有心要追随大王。现在，大王您却要废弃约定而召见我，

我并不希望因此而名闻天下啊!"

楚王于是对司马子綦说:"屠羊说虽然身份卑微,但陈说的义理很高明,请你替我邀请他,让他接受三公的职位。"

屠羊说说:"我知道,三公的地位要比屠羊的职业尊贵,万钟的俸禄,要远远高于我屠羊得到的利润,然而,我怎么能够因为自己贪求这些官爵和利禄就让国君您担上胡乱授予官职的名声呢?我实在是不敢当啊,因此,我还是希望能够返回我屠羊的市场中去。"因此,最终屠羊说都没有接受楚王的赏赐。

《庄子·杂篇·让王》

原宪居鲁

原宪居住在鲁国，方丈大小的斗室用青草铺成屋顶，用蓬草做成还不完整的门，用桑条做转动的门轴，用破旧的瓦瓮作为窗户，再用粗布衣服将窗户塞起来，屋子上面漏雨而下面潮湿，原宪则坐在里面优哉游哉地弹琴唱歌。

子贡乘着高头大马拉着的车子来看原宪，子贡身穿青红色的里衣，外面罩着一层白色的纱衣，打扮华美，神气十足。狭窄的路上几乎容不下他高大的马车。原宪穿着用桦树皮做的帽子，挂着用藜条做成的手杖亲自来接待子贡，子贡看见原宪这个样子，说："哎，先生为何困顿至此啊？"原宪听了回答说："我听说，没有钱财叫贫穷，学了道以后不能实行叫困顿，现在，我只是贫穷而不是困顿。"子贡听了，脸上露出不自然的惭愧神色。

原宪笑着说："那些为了得到世俗利益而做事、在身边的人群中左右周旋而结交朋友，为了得到别人的夸赞而学习，为了自己得利而教诲别人的人，我不忍心去做；以仁义之名而去做坏事，装饰车马来炫耀自己，这样的事，我也同样不忍心去做。"

《庄子·杂篇·让王》

曾子居卫

曾子住在卫国，穿着乱麻絮做成的袍子，袍子上面的颜色已经破败不堪。他脸颊浮肿而没有血色，手脚长满了老茧。三天都不生火做饭，十年都不做一件新衣服，扶正一下自己的帽子，帽带就会弄断，拉扯一下自己的衣襟，手肘就会露出，穿一下鞋子，脚后跟就会露出来。他拖着自己破旧的鞋子，唱着《商颂》，声音充塞在天地之间，洪亮清澈好像金石之声一样优美。天子没办法让他去做臣子，诸侯不能和他结交成为朋友。因此说，修养自己意志的人就会忘记自己的形体，修养自己的形体就会忘记身外的利禄，通达大道的人则会连心神也一起忘记。

《庄子·杂篇·让王》

孔子谓颜回曰

　　孔子对颜回说："颜回，你过来，你的家境贫寒，地位低下，为什么不去做官呢?"颜回说："我不愿意去做官。我在城郭门外有五十亩田地，好好耕种足以够我自己吃粥了，城郭门内也有十余亩地，种的丝麻也足以供我做衣服，我可以通过弹琴来娱乐，通过学习夫子之道而自得其乐，我不想出去做官。"

　　孔子听了，脸上变了神色，说："颜回，你的意愿很好啊。我听说，'懂得知足的人便不会被利益牵绊，分得清楚什么是得到、什么是失去的人，就不会害怕身外之物的丧失，修养自己内在德行的人就不会害怕自己没有相应的爵位。'我说这些话说了很久了，现在看到你，我才看到践行这些话的人，这是我的收获啊!"

《庄子·杂篇·让王》

中山公子牟谓瞻子曰

中山公子魏牟对瞻子说："身体虽然处在广阔的江海之上，内心却还眷恋着朝廷中的爵位，这可怎么办呢?"瞻子说："应当更加重视生存之道，重视生存之道就会看清功名富贵。"

魏牟说："我虽然也懂得这个道理，却还是没办法克制自己的欲望。"瞻子说："没办法克制那就姑且放纵，这样，你的精神应该不会难受了吧? 不能克制自己的欲望却还强行想要克制，这样精神就会受到双重的伤害，受到双重伤害的人，没有多少是长寿的。"

魏牟是万乘之国的公子，他去山岩洞穴中隐居，要比普通老百姓更加不容易，因此，虽然还没有得道，但他的意志是值得赞赏的。

《庄子·杂篇·让王》

孔子穷于陈蔡之间

　　孔子被困在陈、蔡两国之间，七天没有生火做饭，藜菜汤中没有一粒米，脸上露出饥饿和疲惫的神色，但仍然镇定自若地在房间里弹琴唱歌。颜回去采摘野菜，子路和子贡对颜回说："夫子两次被鲁国驱逐，在卫国没有容身之处，在宋国遭受伐树的惊吓，在商周则遭受穷困，在陈国和蔡国之间又被围困，想杀夫子的人没有罪过，凌辱夫子的行为也不被禁止，然而，夫子能够一直弹琴唱歌，从来没有中断，君子就是像这样不怕羞耻吗？"

　　颜回不知道说什么好，回来以后，便把这件事情告诉孔子，孔子将琴推到一边，感叹道："子路和子贡，都是见识浅薄的人，你过来，我说给你听。"

　　子路和子贡回来，子路说："我们现在这个样子，应该可以说是穷困了！"孔子说："这是什么话，君子能够通达大道就叫通，不能够通达大道就叫穷。现在，我怀着仁义的大道却遭逢乱世，怎么能说是穷困呢？向内反省而大道通达，面临危难而不失去德行。天气寒冷，霜露降下，才能够知道松柏耐寒的本性；困厄陈蔡，才能知道我守道的坚贞，这是我的幸运啊！"

　　孔子说完，又取过琴来继续弹琴唱歌，子路拿着盾牌起舞，子贡说："我不知道天有多高，地有多厚，夫子的德行到底有多么高大深广啊！"

　　古代的得道之人，穷困也欢乐，通达也欢乐，他们的欢乐之处并不在于是穷困还是通达，道德一旦修养到这个境界，那么，穷通就好像是寒暑风雨的节序一样自然，因此，许由在颖水南岸快乐地生活，而共伯则安闲地生活在共首山上。

　　　　　　　　　　　　　　　　《庄子·杂篇·让王》

汤将伐桀

　　商汤将要去攻打夏桀，于是便去和卞和商量，卞和说："这不是我的事情。"商汤说："那么，可以和谁商量呢?"卞和说："我不知道。"

　　商汤又去和务光商量，务光说："这不是我的事情。"商汤说："可以和谁去商量呢?"务光说："我不知道。"商汤说："和伊尹去商量怎么样呢?"务光说："伊尹毅力坚强，忍辱负重，其他我就不知道了。"

　　于是，商汤便和伊尹一起谋划讨伐夏桀，最终讨伐成功。商汤将王位让给卞和，卞和推辞说："之前您要讨伐夏桀的时候和我一起商量，一定是将我看作残忍的人了；现在您讨伐成功而要将王位让给我，一定是认为我非常贪婪。我生在这样的乱世，居然有这样无道的人用自己的丑行污染我两次，我不能够忍受再次听到这样的话了。"因此便跳入椆

(chóu) 水中自杀了。

商汤又要将王位让给务光，说："天下自古以来都是有智谋的人谋划，有武力的人征服，有仁德的人治理，您为什么不即天子之位呢？"务光推辞说："废弃君主，是不义的事情；杀害百姓，是不仁的事情；别人出生入死，我却坐享其成，这是不廉。我听说，'不义的人，不接受他的俸禄，无道的社会，不踩在它的土地上。'更何况是让我当尊贵的天子呢！我不忍心长久地看到这样的情况。"于是便自己背着石头沉入庐水了。

《庄子·杂篇·让王》

昔周之兴

过去，周朝兴起的时候，有两位贤能的人住在孤竹国，一个叫伯夷，一个叫叔齐。他们两个人商量说："我听说西方有悟道的人，我们一起去看一看吧。"于是便相跟着一起去了岐阳。武王听说了，便让周公旦去见他们，和他们订立盟约，说："大王准备给你们增加二等的俸禄，一等的爵位，封你们为官。"然后歃血为盟，将盟书深埋在地下。

伯夷和叔齐二人相视一笑，说："咦，奇怪啊，他们所说的并不是我们想要了解的大道啊。往昔神农氏治理天下的时候，一直都按时恭敬地祭祀祖先，却从来不求福报；对待人民，总是尽心竭力地对他们好，却也不图他们的回报。人民乐于推行政务就推行政务，乐于接受现有治理就接受现有治理，不乘人之危、利用别人的失败来成就自己，不借着别人卑下而彰显自己的崇高，不因为他人遭受灾祸而谋取自己的私利。

现在，殷商出现动乱，周武王便赶紧推行有利于人民的政治，在上崇尚谋略，在下用俸禄招引士人，依仗着强大的军事力量而宣扬自己的德行，歃血而盟来显示自己的信誉，张扬自己的德行来取悦众人，用攻伐来求取利益，这样的做法是用暴力代替乱世啊。我听说古代的士人，生在治平之世而不逃避自己的责任，生在乱世而不苟且偷生。现在，天下政治黑暗，周朝的德行衰败，我们难道要和它混杂在一起而污染自己吗？不如避得远远的，让自己保持洁净吧！"

于是，伯夷与叔齐二人一起向北到了首阳山，最后，饿死在首阳山上。像伯夷、叔齐这样的人，他们对于富贵，即使乐意得到，也不会去任意获取，品行高洁，行为孤高，以坚持自己的志节为乐，不被世俗的事务干扰，这就是他们的气节！

《庄子·杂篇·让王》

孔子与盗跖

　　孔子和柳下季是朋友，柳下季有一个弟弟，名字叫盗跖(zhí)。盗跖的徒众有九千余人，他们勇武强悍，横行天下，以暴力侵犯诸侯；他们在房子上打洞，挖掉别人的窗户，赶走别人的牛羊，掳掠妇女，贪欲旺盛，甚至忘记了自己的亲人，不顾自己的父母兄弟，更不祭祀先祖。凡是他们经过的城市和村落，大国坚守城池，小国退居堡垒，千千万万的老百姓无不饱受强盗的劫掠之苦。

　　孔子对柳下季说："作为父亲的人一定要能够教育他的子女，作为别人的兄长，也一定能够教育自己的弟弟。如果父亲不能教育儿子，兄长不能教育弟弟，那么，父母兄弟之间的亲情还有什么可贵之处呢？当今，先生作为一国的才能之士，自己的弟弟是一个大盗，是天下的祸害，先生却不能教导其改邪归正，我实在为先生感到羞愧，我希望替先生去说服盗跖，让他不要再做大盗，不再带来祸患。"

柳下季说："先生您说，作为别人的父亲，就一定能够教育他的儿子，作为别人的兄长，就一定能够教导他的弟弟，但是，如果儿子不听父亲的教诲，弟弟不听兄长的教导，那么，即使有像先生这样的辩才，又有什么办法呢？况且，盗跖的为人，心思就好像汩汩涌出的泉水那样不会枯竭，意气则像是飘来飘去的清风一样没有定准，他的勇武强悍足以抵御敌人，出入自得的辩才足以掩盖错误，顺着他的心思，他就会欢喜，违逆他的心意，他便极其容易生气，经常用语言侮辱别人，我劝先生您还是不要去的好啊！"

孔子不听柳下季的劝说，他让颜回驾着车，子贡坐在右边陪着，一起去见盗跖。盗跖的队伍正好在泰山南面休整，他们将人的心肝切了炒着吃。孔子下车，走上前去，看见传话的人，说："我是鲁国的孔丘，听说了将军高洁的道义，专程来拜见将军。"

传话的人进来通报，盗跖听了突然大怒，眼睛瞪得好像夜晚的星星那么明亮，怒发冲冠，说："这个孔丘是鲁国那个机智虚伪奸诈的孔丘吗？替我告诉他，'你说一些虚假的言语，虚妄地指称文王和武王的功业，戴着装饰繁复的帽子，束着牛皮做成的革带，语词华美，言说荒谬，自己不耕种却有粮食可吃，自己不织布却有衣服可穿，鼓荡自己的唇舌而生出无数的是非，用以迷惑天下的君主。天下无数的仁

人学士都因此流荡无归，忘记返归自己的本然真性，虚妄地称说孝悌之义而希望侥幸得到封侯的富贵。你的罪恶极大而且应该重重惩罚，还是赶紧回去吧，否则，我将要把你的心肝也挖出来炒了作为我的中餐了！'"

孔子第二次让使者去帮忙通报，说："我有幸和柳下季是好朋友，所以希望能够拜访将军的帐下。"使者再一次去通报。盗跖说："让他进来吧！"孔子急忙快步走上前来，避开自己的坐席后退几步，再一次拱手拜见盗跖。盗跖怒气冲冲地伸开自己的双腿，手按着宝剑，怒目圆睁，声音浑厚如同小老虎，说："孔丘你上前来，如果你所说的言论顺乎我的心意，你就可以活着离开，如果你所说的悖逆我的意思，你就只有死路一条了！"

孔子说："我听说，天下一共有三种德行。生下来就身材魁梧、面目俊美、无与伦比，年轻的年老的、富贵的贫贱的人都能够喜欢他，这是最高的德行；智略包举天地四方，机智足够辨别不同的事物，这是中等的德行；勇敢无畏，果敢决断，能够聚集人民，率领部卒，这是下等的德行。大凡人只要有这三种德行中的一种，就足以称王称帝了，而现在，将军一身兼有这三种德行，身高八尺二寸，面目神采奕奕，双唇如丹砂般鲜红明亮，牙齿如贝壳般雪白整齐，声音浑厚有如黄钟大吕，然而名字却叫盗跖，我为先生觉得羞耻，本来不应该这样啊。将军如果能够听从臣的意见的话，我将请求向南出使吴国和越国，向北出使齐国和鲁国，向东出使宋国和卫国，向西出使晋国和楚国，替将军营造几百里大的城池，建立几十万户的城市，尊称将军为一方诸侯，替天下除旧布新，让士兵停战休养生息，收养兄弟祭祀祖先，这才是圣人和才智之士应该做的事情，也是天下人民共同的心愿。"

盗跖听了大怒，说："孔丘，你上前来，我说给你听。那些能够用利益来引诱，用言语劝谏的人，都是一些愚陋不堪的寻常百姓。身材高大魁梧，人们见了都喜欢，这是父母留给我的东西，即使你不赞扬我，我自己难道不知道吗？况且我听说，喜欢当面赞扬别人的人，都喜欢在背后诋毁别人。现在，你跟我讲我可以拥有大的城池和众多的百姓，是希望用利益引诱我，是将我看作普通的百姓，然而，这样又怎么能够长久呢？城池的广大没有超过天下的了，尧舜的子孙却贫穷得没有立足之地；商汤和武王被拥立为天子，他们的后代却全都绝迹，这难道不是他们贪图利益的后果吗？

况且我听说，上古时代，禽兽多而人民少，于是人民都住在树上来躲避禽兽的干扰，白天捡拾橡子和栗子，晚上就在树上休息，因此这些人民都被称为有巢氏的人民。古代，人们不知道要穿衣服，夏天积累大量的木柴，冬天就烧这些木材来取暖，因此，这些人民又叫做懂得生存的

人。到了神农的时代，睡觉的时候安闲自在，醒着的时候悠然自得，人民知道自己的母亲，却不知道自己的父亲，和麋鹿生活在一起，自己耕种养活自己，自己织布用来做成衣服，互相之间没有损害的心，这是道德最隆盛的时代。黄帝不能达到这样的境界，和蚩尤一起在涿鹿之野大战，血流成河，百里不止。尧、舜登上帝位，设立群臣，商汤放逐了他的君王，武王又诛杀纣王，自此以后，强大的凌辱弱小的，人数多的欺压人数少的，商汤和武王以来，都是些叛乱作逆之人。

现在，你重新研究文王、武王的治国方法，掌管天下的言论，用来教导后世人民，身穿宽大的衣服，束着宽大的衣带，说着矫饰的言语，做着虚伪的事情，用来迷惑天下的君主而求得自己的富贵。天下已经没有比你更大的强盗了，为什么天下人不叫你盗丘却要叫我盗跖呢？你用美好的言辞说服子路让他跟随你，让他脱下高高的帽子，解下身上佩戴的宝剑，而听从你的教导，于是天下人都说孔丘你能够禁止暴徒和是非，然而最终，子路因为谋杀卫君而不成，事情暴露，在卫国的东门上被剁成肉酱，这是你教导得不到位啊，你能被称为圣人吗？你两次被鲁国逐出，在卫国没有存身之处，在齐国遭受穷困，在陈国和蔡国之间又被围困，为什么天下之大，却没有你的容身之地？你让子路面临这样的祸患，上无法保身，下无法做人，你所宣扬的道真的足够崇高吗?

世人所推崇的没有比得上黄帝的了,然而,就算是黄帝都没法保全自己的德性,去和蚩尤在涿鹿之野大战,血流成河,千里不止。尧不慈悲,舜不孝顺,禹患了半身瘫痪,汤放逐了自己的君主,武王讨伐纣王,文王被囚居在羑里,这六个人,是世人所称颂的,然而,细细看来,也都是因为追逐利益而迷惑了自己的本性,因为太过强势而违反了自己的性情,他们的行为其实是让人羞愧的。

世人所说的贤士,如伯夷和叔齐,他们推辞掉孤竹国的国君之位,最后饿死在首阳山,尸体都没有人去埋葬;鲍焦愤世嫉俗、廉洁自守,最终抱柱而死;申屠狄进谏而不被采纳,于是背着石头自沉于水底,成为鱼鳖的美食;介子推可以说是忠臣的典型了,割下自己大腿上的肉给晋文公吃,然而,文公背弃他后,他生气地离开,抱着树木被烧死了;尾生和一个女子约好在桥梁下相见,然而时间到了,女子没有来,尾生坚守信用不离去,最终抱着桥的梁柱被大水淹死。这六个人的生命,无异于被分裂的狗和漂流于江河的野猪,无异于拿着空瓢去乞讨的人,都是因为太好名声而轻视自己的生命、不顾念自己性命的人。

世人所称赞的忠臣,没有比得上王子比干和伍子胥的了,然而,伍子胥最终沉江而死,比干则被剖腹挖心,他们作为世人认可的忠臣最终却都成为天下人的笑柄,难道不是很可悲的事情吗？从上面列举的人看下来，直到伍子胥和比干，其实都没有什么可以让人推崇的地方啊。你想要说给我听的话，如果是一些鬼神之事，那的确是我所不知道的，如果要告诉我的是些人事，那不过是像上面所说的这样了吧，都是我所知道的。

现在，让我来告诉你一些真正的人情吧。眼睛想要看到美丽的颜色，耳朵想要听到动听的声音，嘴巴想要尝到甘美的味道，志气想要充满心胸。上等的寿命是一百岁，中等的寿命是八十岁，下等的寿命是六十岁，除去疾病、死亡、忧患之外，其中能够开口而笑的日子，一个月之中也不过四五天罢了。天地无穷无尽，而人的寿命却有限时，将有限的生命寄托在无限的天地之间，就好像是速度很快的骏马奔驰而过。不能够愉悦自己的意志、颐养自己性命的人，都不是通达大道的人。你所说的这些东西，都是我所鄙弃的，你还是赶紧回去吧，不要再说什么了，你所讲的大道都是些虚伪奸诈的东西，并不能够保全自己的性命，哪里有什么讨论的必要呢？"

孔子再次拜了盗跖一拜，快速地走出来，出门上车后，手中的马鞭都禁不住掉了好几次，眼睛茫然无归，面如死灰，扶着车前的横木，低着头，气都没法出。

回来到了鲁国东门外，正好遇到了柳下季。柳下季说："我们好几天不见了，看你的车马好像是刚从外面回来的样子，你是不是去见盗跖了?"孔子仰天长叹，说:"是啊，我就是没有病而硬要给自己扎针，非要跑去撩拨虎头，编织虎须，差一点就被老虎吃掉了呀!"

《庄子·杂篇·盗跖》

渔 父

　　孔子在缁（zī）帷林中游玩，玩累了就坐在一片开满杏花的土坛上休息，弟子们在旁边读书，孔子自己则弹琴唱歌，怡然自得。一曲才唱到一半的时候，看到有一位渔父，从自己的船上走下来，朝这边过来。他有着雪白的胡须和眉毛，披散着头发，边走边挥动着自己的衣袖，沿着岸边走到高地便停了下来，左手按着膝盖，右手托着下巴，认真地听着孔子唱歌。一曲终了，他便将子贡和子路二人叫过来问话，二人都一一做了回答。

　　他指着孔子问道："那是什么人呢？"子路回答说："是鲁国的君子。"渔父又问他的姓氏，子路说："姓孔。"渔父问："孔氏从事什么样的职业呢？"子路不知该如何作答，安静下来。子贡说："孔氏信守忠信，亲身践行仁义的道理，修饰礼乐，择定人伦关系，对上忠于自己的君主，对下教化自己的人民，他是为天下人谋福利的人，这就是孔氏的职业。"渔父又问："那么，孔氏是拥有土地的君王吗?"子贡说："不是。""是辅佐君王的臣子吗?"子贡又回答说："不是。"于是，渔父便笑着往回走，边走边说："倒是一个仁人，但是免不了要损伤自己的性命，心思劳苦而形体受损，使自己的真性受到戕害，哎，他离真正的大道还是很远的啊!"

子贡回来，将渔父的话报告给了孔子。孔子将琴推到一边站起来说："这是一位圣人啊!"说完便急忙走出去寻找。走到水边，远远看到渔父正要撑起桨开船而去，渔父回过头来看到孔子，便暂时停下，转过身来站着，孔子赶紧向后退了几步，然后再一边作揖一边朝着渔父往前走。

渔父说："你有什么请求呢?"孔子说："刚刚先生说话说了一个开头便离开了，我比较愚笨，还不知道您所讲的是什么意思，因此还在此等候，希望能够有机会听到您的教诲，帮助我更好地提高自己的修养。"

渔父说："好啊，你真的是很好学!"孔子再次作揖然后站起身来说："我从小便立志学习，到现在已经六十九岁了，却还没有听到过真正的大道，怎么敢不虚心请教呢!"

渔父说："同类型的东西就会聚到　起，声音相同便会彼此相应，这是自然而然的道理。我希望能够用我所知道的东西来分析你的所作所为。你所做的事情全部都是人事，天子、诸侯、大夫和百姓，能使这四者全部都各安其位，这样的政治就是美政，如果这四者都离开自己的职位，那么天下便没有比这更大的祸乱了。官吏各自守好自己的本分，人民各人管好各人的事务，这样就不会凌乱了。

因此说，田园荒芜，房屋破败，吃住不足，赋税征收不能按时，妻妾相处不和，年轻的和年老的没有长幼的次序，这是一般民众所担忧的；才能不能胜任自己的职位，本职工作不能得到妥善处理，行为不够廉洁，下属荒淫怠惰，没有美好的功劳建立，爵禄不能够维持，这是士大夫的忧虑；朝廷没有忠诚的大臣，国家混乱，工匠的技艺不够巧妙，各地交来的贡品不美，春秋祭拜时礼数没有次序，不顺服天子，这是诸侯的忧虑；阴阳二气不均和，寒来暑往不按时节，万物因此都受到伤害，诸侯犯上作乱，擅自互相攻打侵犯，人民遭到残戮，礼乐施行不合节度，钱财匮乏，人伦关系得不到应有的调整，百姓淫乱，这是天子和掌管事务官吏的忧虑。

现在，你在上没有君主和掌管事务的官员的权利，在下没有大臣和办理事务官员的头衔，却还擅自修饰礼乐，拟定人伦关系，以此来教化百姓，难道不是太多事了吗？况且人有八种毛病，事情有四种祸患，是不可以不明察的。不是自己的事自己却要去做，这叫做多管闲事；人家不理睬却还要强言进谏，这叫做巧佞；根据别人的意愿而说出别人爱听的话，这就叫做谄媚；不判断是非就随便说话，这叫做阿谀；喜欢说别人的坏事，这叫谗言；离间别人的亲情，这就叫做陷害；称赞那些奸诈虚伪的人而败坏那些有道德的人，这叫做邪恶；不论是善良还是邪恶，遇到他们，脸上都显出和悦的神色，用以引出他们的欲望，这叫做阴险。这八种毛病，在外会扰乱别人，在内会损伤自己，君子不会和这样的人做朋友，贤明的君主不会任用这样的人做臣下。

喜欢处理大的事务，通过改变常规来博取功名，这叫做贪多；专门运用自己的才智擅自行事，侵害别人而又刚愎自用，这叫做贪婪；看到自己的过错却不去改正，听到别人的劝谏反而变本加厉，这叫做执拗；别人和自己观点相同就赞赏，如果和自己观点不同，那么即使是好也不会认为是好的，这叫做自负，这就是四种祸患。能够去掉八种毛病，四种祸患，才能够开始教育他。"

孔子听了，脸色大变，一拜再拜后起身说："我两次被鲁国驱逐，在卫国没有存身之处，在宋国受到伐树的惊吓，在陈国和蔡国之间又被围困。我不知道自己到底做错了什么，为什么要遭受这样的羞辱？"

渔父悲戚地变了脸色，说："你真的是太难觉悟了啊！有人害怕自己的影子，讨厌自己的足迹，于是便想跑着离开它们。可是，跑得越多，他的足迹便越多；跑得越快，他的影子便更加不离开他自己。然而，他还认为是自己跑得太慢了，于是更加用力地向前跑去，直到耗尽自己的力气而死去。他不知道站到阴暗的地方，影子自然就不存在了，安静下来不再走动，自然也就没有足迹了，这样的人实在是太过愚笨了啊！你明确地区分仁义，观察同异的分界和动静的变化，明白接受和给予的合理的度，能够恰当地控制好自己喜好和厌恶的情感，调和欢乐和生气的节度，因此，祸患几乎是避免不了的，你还是谨慎地修养自己的内心，守住自己的真性情，把外界不属于自己的事物还给外在的自然界，这样，你就能够无所系累了。现在，你还不修养自己的身心而是继续要追求外在的东西，这样不仍然是在追求外物吗！"

孔子惊讶地变了脸色，说："请问什么是真？"

渔父说："真就是精纯真实的最高境界。不能够做到真诚，就不能够打动人。因此，勉强哭泣的人，虽然很悲切，却并不哀伤；勉强发怒的人，表面虽然严厉却没有威严；勉强表现亲和的人，表面虽然在笑却并不和善。真正发自内心的东西会自然而然地表现在外面，因此，真实才是最珍贵的。把这个道理用在人事的道理上，用真心来服侍亲人就会孝顺慈善，侍奉君主就会忠诚正直，饮酒的时候就会欢乐，处理丧葬的时候就会悲哀。忠贞以建立功业为主，饮酒以欢乐为主，处理丧事以悲哀为主，侍奉亲人以安适为主。美好的功业是不需要有任何形迹的，因此，侍奉亲人要让他们安适，而不必考虑用哪种方法；饮酒以获得快乐为主，而不必考虑要用什么样的酒器；处理丧事以悲哀为主，因此不需要拘守那条条框框的礼节。礼节，是世俗之人建立起来用以约束人行为的东西，而真实则是从人的自然天性传来的，自然固有的东西是不能够改变的，所以，圣人取法自然，贵在天真，他们不会被世俗的圈套拘束。愚蠢的人才会背离真实，不能合乎自然的节奏而担心不能和人很好地相处，不知道保守自己的真性却总是被世俗的一切所改变，因此，他们总是不能够满足。可惜啊，你早已经被人间虚伪的东西浸染，这么晚才能够听闻大道。"

孔子听完，又拜了一拜，起身说："现在让我遇上先生您，实在是我的幸运，如果先生您不以我来侍奉您为羞耻的话，我希望能够听到先生您的教导。请问先生，您住在什么地方？请求您将大道传授给我，我想跟从您去学道。"

渔父说："我听说，和那些能够改过迁善的人一同学习，就能够到达妙道的境界，和那些不能够改过迁善的人一同学习，终究不能够通达大道，因此一定要谨慎，不要让自己犯错误。你好好努力吧，我要离开你了，我要离开你了！"说完，便划着船，行到芦苇丛中间的水道中去了。

颜渊掉转车头，子路将马的缰绳递给孔子，孔子却看都没有看一眼，直等到船走后水波平静，听不到摇桨的声音以后，孔子才登上车去。

子路在旁边问道："我为夫子您驾车这么久了，从来没有见过您对一个人如此地恭敬。就算是那些拥有千万辆战车的国家，您面见他们的君主，也从来都是和他们以平等的礼节相待，甚至夫子您还更加骄傲一些。现在，区区一个渔父拄着手杖站在您的对面，您就要弯腰曲背，每次要发言一定要先行拜过，这样不是太过分了吗？我们弟子们都觉得奇怪，一个渔人，为什么能够有如此的待遇呢？"

孔子手扶着车前的横木，叹息说："你真的是太难教育了啊！你被人世间的礼仪规范熏染的太久了，而你浅陋朴拙的心到现在都没有去掉。你走近前来，我告诉你。遇到长者不尊敬就是失去了礼节；见到贤能的人不敬重，就是不仁。如果不是至人，就不能够比别人谦卑，不能谦卑就不够精诚，不够精诚就不能得到本真，这样的话，他的身体就会受到损害。可惜啊，不仁对人的危害这么大，而你却偏偏有这种毛病。况且，道是天地万物产生的根源，万物依随它就能够生长，背离它就会死亡，因此，道所在的地方便是圣人尊崇的地方。现在，渔父可以说是一位得道的人了，我哪里敢不敬重他呢？"

《庄子·杂篇·渔父》

说　剑

赵文王喜欢击剑，门下有剑士三千多人，日日夜夜都在赵文王面前击剑打斗，为此而死伤的一年就有一百多人，但是，赵文王仍然毫不厌倦。这样过了三年，国家逐渐衰败，诸侯国纷纷起来谋划着要吞噬掉这个国家。

太子悝对此非常忧虑，便叫来左右服侍的人，说："谁能够说服赵王停止击剑的活动，那我一定会赐他黄金千两。"左右的侍从听了，建议说："庄子应该可以。"

于是，太子便请人带着黄金千两去见庄子，然而，庄子不接受，只是和使者一起去见太子。庄子对太子说："太子您有什么事情要交给我的呢？为什么要赐给我黄金千两？"太子说："我听说夫子您是一位贤明的圣者，因此想要奉上黄金千两给您的随从使用，如果夫子您不接受的话，那我还怎么敢说呢？"

庄子说："我听说太子您让我来，是想要由我来断绝大王击剑的喜好，如果我去劝谏赵王而违逆赵王的意愿的话，那么，在上我会得罪赵王，在下则没有完成太子您交给我的任务，那时候，我一定会遭受刑罚而死，哪里还会用得到千两的黄金呢？如果我去劝说赵王，赵王满意的话，那么在上我赢得了赵王的青睐，在下也完成了太子的任务，那个时候，我想要赵国的什么得不到呢？"太子说："这样啊。然而，赵王现在所能看到的，已经只剩下剑士了。"庄子说："好吧，我本来就善于击剑。"

太子说："然而，我们大王所喜欢的剑士，都是头发蓬乱，鬓发上翘，低垂着帽子，冠缨粗实而没有纹理，穿着后服较短的上衣，瞪着眼睛，说话困难的人，只要是这样的剑士，赵王见了就会开心。现在，如果夫子您一定要穿着儒服去拜见赵王的话，赵王一定会不喜欢，事情也肯定办不成。"庄子说："那么，请您帮我准备击剑的服装吧。"

三天之后，剑服准备成了，庄子再次去拜见太子。太子于是陪他一起去见赵王，只见赵王手持宝剑正站在那里等待。庄子走进大殿不按礼节小步快走，见到赵王也不跪拜。赵王说："你有什么想要教给我的呢？为什么要让太子先行引荐？"庄子说："我听说大王您喜欢击剑，所以我想用剑术来拜见大王。"赵王说："你的剑要怎么样才能制服对手？"

庄子说:"我的剑,十步之内就能刺中敌人,横行千里而无人能敌。"赵王听了非常高兴,说:"这样的话,你的剑术就天下无敌了啊!"

庄子说:"击剑的时候,要用虚静之心等待对手,给对方以可乘之机,再后发制人,击剑要神速,抢先刺中对方,我希望大王能够让我试一下。"赵王说:"请先生您先回馆舍休息,等我准备好了再请先生。"

于是,赵王召集剑士们比试了七天,死伤的剑士多达六七十人,选出五六个最厉害的,让他们手持宝剑站在殿下,然后召请庄子。赵王说:"今天,请你们试着比剑吧。"庄子说:"已经盼望很久了。"赵王说:"夫子您拿的是长剑还是短剑?"庄子说:"我用长剑短剑都可以。然而,我有三种剑以供大王选用,请先听我讲一下然后再试剑。"赵王说:"请你讲讲具体是什么样的三种剑?"庄子回答说:"具体而言,是天子剑、诸侯剑和庶人剑。"

赵王听了,疑惑地问道:"天子剑是什么样子的呢?"庄子说:"天子剑用燕谿和石城当作剑锋,把齐国的泰山当作剑刃,晋国和魏国作为剑背,周朝和宋国是剑环,把韩国和魏国当作剑把,用四境和四时作为剑鞘,把渤海和常山当作带穗,运用五行的道理来制剑,根据刑罚德行来论断,开合变化符合阴阳消长,持守和行动都像春夏秋冬的运行那样自然。这样的剑，直刺能够一往无前，高举起来穿破云霄，下刺能够穿透黄泉，左劈右挥旁若无人，上断浮云，下断地脉，这样的剑一经使用，就可以匡正诸侯，一统天下，这就是天子之剑。"

赵王听了，一副茫然若失的样子，说："那么，诸侯之剑是什么样的呢？"庄子说："诸侯之剑，用智慧和勇敢作为剑锋，用清正廉洁作为剑刃，把贤良正直的人作为剑背，忠诚圣明的人作为剑环，将豪杰之士当作剑把。这样的剑，一样直刺能够一往无前，高举起来穿破云霄，下刺能够穿透黄泉，左劈右挥旁若无人，在上效法天以顺应日月星辰，在下效法地以顺应春夏秋冬，中间则顺应民意，安定四方。这样的剑一经使用，就好像震动的天雷，四境之内，没有不服从、没有不听命于大王您的，这就是诸侯之剑。"

赵王又问："那么，庶人之剑是什么样的呢？"庄子回答说："庶人之剑，头发蓬乱，鬓发上翘，低垂着帽子，冠缨粗实而没有纹理，穿着后服较短的上衣，瞪着眼睛，说话困难，相互搏击，向上可以斩断脖颈，向下则可以剖开肝肺，这种庶人之剑和斗鸡没有什么区别，一旦失去生命，那对于国家大事也没有什么用处。现在，大王您拥有天子的地位却喜欢庶人之剑，我私底下替大王鄙薄它。"

于是，赵王便牵着庄子走上大殿，食官奉上酒菜，文王绕着饭菜走了三圈。庄子说:"大王您请坐下来定定心神吧,我关于剑术的事情已经讲完了。"于是,文王三个月没有出宫会见剑士,剑士们也都在自己居住的地方自杀了。

《庄子·杂篇·说剑》

无足问于知和

　　无足对知和说："人没有不追求名利和富贵的，富贵了，人们便愿意归附他，归附他就会听从他，众人都听从他，他自己就会显得尊贵，而受人尊崇正是过长生安乐生活的保证。但现在，唯独你不去追求富贵，是因为你的智能不足吗？还是因为你有这个想法但是能力不够？又或者是因为你心中只想追求大道从来就没有在意过功名富贵？"

　　知和说："那些认为自己只要和富贵的人同时出生，并且生长在一个乡村中，就觉得自己也是超脱于世俗之外的人，事实上根本就没有主见，看待古今也没有自己的是非观念，只是一味地混同世俗，同流合污。丢弃了自己最为重要的生命，最为宝贵的自然本性，而去追求那些他自以为重要的东西，却还要夸口说什么长生、安乐的道理，这不是相差太远了吗？疾病的悲痛，恬淡愉悦的安乐，这些都不能在形体上显露出来；惊慌的恐惧，欢欣的喜悦，也不能在内心得到显现，只知道随顺自己的欲望去做事，却不明白为什么要这样去做，那么，就算地位尊贵如同天子一般，就算拥有了普天之下的财富，也不能够免除祸患啊！"

无足说："富贵对人而言，其结果全部都是好的，它能使人完美并且拥有权势，至人都不能企及，贤德的人都无法达到，它可以挟持别人的勇武和力量而给自己增加威势和强盛，可以借助别人的智慧和谋略来彰显自己的明察，凭借别人的德行来让人觉得自己贤良，虽然并不是一国之君，却能威严地像个君主。况且声音、滋味、美色、权势这些东西，对人而言本来就是不需要学习就乐于靠近的，身体不用去效法什么就自然安适；喜欢、讨厌、回避、靠近，这些根本就不需要有老师来教，这是人的本性，即使天下人都非议我，但有谁能拒绝这些呢？"

知和说："智者的做法是，一定要按照百姓的心意，不会违背他们，因此内心会感到满足而不去与人争斗，无所作为，也就不会有所贪求。内德如果不够充实，便会去外面追求，天下四方四处去争斗却还不认为自己贪婪；内德有余，便不会去追求外物，那么，即使放弃天下都不会认为自己廉洁。廉洁和贪婪，并不是靠外在的行为来衡量的，而是要反观自己的内心。自己贵为天子，却不因为尊贵而凌驾于别人之上；自己富有天下的财产，却从来不用钱财戏弄别人。考虑钱财可能带来的祸患以及富贵到极处而必反的道理，认为这将对自己的生命有害，因此推辞而不去接受，这并不是为了赢取廉洁的名誉，而是为自己的性命作出的负责任的选择。

尧、舜做天子时之所以要推让，并不是要仁爱天下，而是不希望让华美和富贵危害自己的性命；善卷和许由虽然得到帝位却并不接受，这也不是虚伪的推让，也是因为不想外界的事物伤害自己的真性。这些，都是为了趋近利益，避开祸患，而天下的人却都称他们为圣贤，那么，贤德的名声便自然而然地在他们这里了，而并不是他们为了得到名誉去争取来的。"

无足说："假如一定要固守名声，劳苦自己的身体，弃绝美食美色和美味，过简单朴素的生活来保养自己的生命，那和久病或者久处贫困而不死的人有什么区别呢？"

知和说："和自己的性分相适应就是福气，除此之外，超出自己性分之外的东西全部都对自己有害，所有的东西无不这样，名利和富贵更是。现在的富人，耳朵听的是钟鼓笛箫一类的美好的音乐，嘴巴吃的是美酒和好肉，这些东西会迷乱人的意志，让人忘记自己最重要的事情，可谓是祸乱人的心智；沉溺于骄傲和自负，就好像背着重物往上爬行，可以说是很苦的了；贪慕财富，得不到就心生怨恨，贪取权利而最终精疲力竭，安静下来就会沉溺于自己的欲望，身体肥胖则气血滞于胸中，这样身体就有疾病了；贪求名利富贵，即使财物已经积累得像墙那么高，也仍然不满足，并且时时自夸而不止，可以说是一种耻辱了；聚集财物而不舍得使用，害怕失去财物而满腹担忧，总想着如何增加财富不休止，可以说是充满忧患了；在家中则怕有盗贼，在外面又怕被强盗抢，家中修建着严密的防盗系统，外出不敢一人独行，可以说是畏惧了。这六者，是天下最祸害人的东西，人却往往将其遗忘而不去留心，等到有一天灾难降临，再想要过上一天朴素的生活，都已经没有办法了。因此，最后只会被名利所累，弄得名利双失，然而，人们还是为这些虚幻害己的东西乐此不疲地去奔走，难道不是太糊涂了吗?"

《庄子·杂篇·盗跖》

列御寇之齐

　　列御寇准备到齐国去，走到半路就返回来了，路上正好遇到了伯昏瞀（mào）人。伯昏瞀人说："你为什么又要返回去呢？"列子说："我是觉得有些惊讶。"伯昏瞀人说："惊讶什么呢？"列子说："我到十个店铺去买豆浆，竟然就有五家先来送豆浆给我，怎么会这样呢？"伯昏瞀人说："这有什么好惊讶的呢？"

　　列子说："内心忠诚，在外就会有感召力，能够威慑心灵，赢得别人的敬重，然而，这样又容易招致祸患。那些卖豆浆的人只是做点羹汤的小本买卖，获得的利润很小，权利也极其轻微，但仍然这样敬重我，更何况是拥有万乘之车的君王呢？君王为国事操劳，竭尽心智，他一定会给我任职，让我去为国家建立功业，因此，我对这些人送我豆浆感到惊讶啊！"伯昏瞀人说："你真是太善于观察了，你且就这样吧，人民都要来归附你了。"

过了不久，伯昏瞀人又来拜访列御寇，看见门外已经摆满了前来拜访的人的鞋子。伯昏瞀人向北站立，拄着拐杖，皮肤干皱，站了一会儿，什么都没有说便离开了。接待宾客的人赶紧把这件事告诉了列子，列子提着鞋子光着脚就追出去，到了门口，看到伯昏瞀人，说："先生您既然来了，为什么不进来送我一些药石之言，让我好好反省呢？"伯昏瞀人说："算了吧，我本来就说人民要来归附你，现在他们果然来了。不是你能使人来归附你，而是你没有办法让别人不来归附，你为什么要表现得这样与众不同而让别人心中愉快呢？这样，他们只会因为自己内心欢愉而动摇你的本性，对你根本没有什么好处。你的那些朋友，他们根本不可能将这些告诉你，他们所说的那些不入大道的言论，都是毒害你的，没有人能够觉悟，只是大家看起来互相亲昵而已。有技巧的人常常辛劳，有智慧的人免不了忧虑，只有那些真正通达大道的人才能无忧无虑，自由自在地遨游，就好像那无所系缚的船只一样漂浮不定，内心虚静，随处悠游。"

《庄子·杂篇·列御寇》

郑人缓

郑国有一个名叫缓的人，在裘氏这个地方吟咏读书，读了三年，便成了这个地方有名的大儒。河流绵绵不绝滋润着九里之广的土地，缓的恩德也惠及三族亲人，泽及子孙后代。他让自己的弟弟翟去学习墨家的学说，然后便和弟弟展开关于儒家和墨家的辩论。然而，他自己的父亲每次都帮助弟弟和自己针锋相对，十年之后，在一次辩论失败以后，缓终于羞愤自杀。后来，他给他的父亲托梦，说："让你的儿子成为墨家学派的人的是我，你为什么都不来我的坟墓看看呢？这里的松树和柏树都长得能结果子了。"

造物主成就一个人，并不仅仅是成就他的外表，更是成就他内在的天性，翟就是那样的人，因此上天让他发展成那样，缓觉得是自己让弟弟变成了一个墨者，从而托梦怨恨自己的父亲，这就好像那些齐国人，觉得是自己造了泉眼，自己有造泉的功劳，便去攻击那些喝泉水的人，殊不知，泉水其实是自然天成的，跟他自己没有什么关系。现如今，世上的人都像缓一样自以为是，觉得什么东西都是自己的功劳，完全忘记了一切都是上天的赐予。自认为自己有德，但真正有德的人从不认为自己有德，何况是那些得道之人呢！这些自以为是的人，古代称他们是逃避自然天理而受到惩罚的人。圣人安于自然天命而从不自大，而大多数的普通人却总是自恃聪明，从来不顾内在的自然天命，这样又怎么能够心安呢！

《庄子·杂篇·列御寇》

宋人有曹商者

　　宋国有一个名叫曹商的人，他替宋王去出使秦国。去的时候，宋王赏赐给他几辆车子，到秦国以后，秦王很喜欢他，于是又赏给他一百多辆车子。回到宋国以后，曹商去见庄子，说："身在偏僻狭窄的小巷，贫困交加，只能靠编织草鞋过活，饿得面黄肌瘦，这是我的短处，然而，一旦使君王醒悟，赐给我随从的车马就多达一百多辆，而这就是我的长处了。"

　　庄子说："秦王生病了，就召医生来治病，能够破除脓疮的就可以得到一辆车子，能够舔舐痔疮的就可以得到五辆车子，医治得越卑下，得到的车子就越多。你难道是为秦王舔舐痔疮了吗？要不怎么能够得到这么多的车子呢？你还是赶紧到别处去吧！"

《庄子·杂篇·列御寇》

326

人有见宋王者

有个人去拜见宋王，宋王赐给他十辆车马，他便用这十辆马车去向庄子炫耀。庄子说："我听说，河边有一户人家，家境十分贫困，靠编织芦苇糊口，他的儿子潜入深渊，得到了一颗价值千金的宝珠。父亲知道了，便对儿子说，'快拿石头来把它锤烂吧，这么贵重的珠子一定是藏在极深的水潭中黑龙的下巴下面，你能得到这颗珠子，一定是碰到黑龙正好在睡觉的时候，等到它醒了，你就要被黑龙残食了！'现在的宋国，形势深险不亚于九重深渊，宋王的凶狠也丝毫不下于黑龙，你能得到车子，一定也是碰到了宋王睡觉的时候，一旦他醒悟过来，你的小命也就难保了！"

《庄子·杂篇·列御寇》

庄子将死

庄子快死了，他的弟子们想要将他厚葬。庄子说："我将天地看作我的棺椁，将日月看作双璧，星辰就好像美丽的珍珠，天地万物都是我的随葬品，这样的随葬品难道还不够完备吗？哪里还需要别的呢！"弟子们说："可是，我们害怕乌鸦和老鹰会吃掉您的遗体啊。"庄子说："遗体放在地上会被乌鸦和老鹰吃掉，埋在地下会被蚂蚁吃掉，你们非要把我从这边夺过来而送到那边去，怎么能这样偏心呢！"

《庄子·杂篇·列御寇》

名师导读

一、名著概览

　　庄子，名周，战国时期宋国蒙人，老子思想的继承者和发扬者，道家学派的代表人物。曾做过漆园小吏，一生穷困潦倒，却拒绝楚威王的厚聘，甘愿"游戏污渎之中以自快"。与此同时，战乱频仍的社会现实与惶恐不安的生活处境，也促使庄子更深入地思考社会和人生的意义，最终将他的心得写成了千古流传的哲学经典名作《庄子》，给世世代代在痛苦中挣扎的心灵带来呵护与慰藉。

　　《庄子》为先秦最具文学价值的说理散文，今本 33 篇，分为内篇、外篇和杂篇三个部分，一般认为，内篇是庄子所作，外、杂篇出于庄子后学。庄子的哲学思想源于老子，而又发展了老子的思想，"道"是他思想的哲学基础和最高范畴，它既是世界的本源，也是人生的最终极的归宿。人的一生就应该是体认道的一生，以致最终能够超越是非、人我、

美丑的界限，不为外物所动，进入无古今、无生死的自然浑茫境界，一切只要顺应自然就能够无所不应，从而获得逍遥无待的自由。

《庄子》一书"以卮言为曼衍，以重言为真，以寓言为广"，通过"三言"来阐述自己的哲学思想。寓言就是虚拟的、借寓于他人他物的言语；重言即借重长者、尊者、名人的话；卮言即出于无心，自然而然流露的语言，"三言"并用，气势充沛，论说透彻。《庄子》中的说理，章法散漫断续，变化无穷，难以捉摸，他以"谬悠之说、荒唐之言、无端崖之辞"，尽情地讲述了一系列精彩绝伦、想象奇诡的动人故事，不仅为中国文学史增添了一系列波云诡谲、奇幻异常的人物形象，更促使人们摆脱惯常的思维方式，泯灭是非、大小、美丑之间的差别，从另一个层面认识万物齐一、生死两忘的道理，最终教人摆脱人世间的种种束缚与纠缠，清洁自己的内心，在纷繁复杂的生活中保全自己，返璞归真，宠辱不惊，恬静生活。

《庄子》的语言如行云流水，汪洋恣肆，跌宕跳跃，节奏鲜明。他用诗性化的方式讲述着一个个动人的故事，给苦难中的人生带来清凉的甘露，向人们展示出一种"独与天地精神往来"的逍遥世界，千载之后读来，仍让人充满向往与回味。

二、知识梳理

1. 庄子内七篇指的是：<u>逍遥游</u>、<u>齐物论</u>、<u>养生主</u>、<u>人间世</u>、<u>德充符</u>、<u>大宗师</u>、<u>应帝王</u>。

2. 庄子，名<u>周</u>，战国时期宋国<u>蒙</u>人。老子思想的继承者和发扬者，<u>道家</u>学派的代表人物。曾做过<u>漆园小吏</u>。

3. 《庄子》中讲<u>道</u>是天地万物的本源，它超越了时间和空间，是宇宙万物之母，无所不包，无所不在。

4. 《庄子》一书中，创造了很多特征鲜明的人物形象，如<u>藐姑射山神人</u>、<u>北海若</u>、<u>河伯</u>、<u>叔山无趾</u>、<u>申屠嘉</u>等。

5. 庄周梦蝶的故事出于<u>《庄子·内篇·齐物论》</u>，他通过<u>庄子和蝴蝶之间在梦中界限的模糊，不辨你我</u>，向我们说明万物齐一的道理。

6. 《庖丁解牛》的故事中，正是因为庖丁能够<u>顺着牛本身的纹理构造去用刀</u>，所以他的刀即使用了十九年也仍然像是新的一样。

7. 大盗盗跖认为，孔子所讲的仁义礼智都是些<u>虚伪奸诈的东西</u>，并不能够保全自己的性命，因此他不会听从。

8. 孔子的妻子死了，庄子不但不哭泣，反而<u>鼓盆而歌</u>，因为他知道他的妻子只不过是回到了她的本来之处——<u>大自然</u>。

9. 泉涸，鱼相与处于陆，相呴以湿，<u>相濡以沫，不如相忘于江湖</u>。与其誉尧而非桀也，不如两忘而化其道。

三、我问你答

1. 读了庄子的《逍遥游》，说说你对《逍遥游》的理解。

2.《庄子》一书中讲述了那么多精彩动人的故事，选取其中你最喜欢的一两则，和大家分享一下你的感受吧！

3. 庄子是如何看待是非、美丑和生死的？你认为他说的有道理吗？谈谈你自己的看法。

4. 读了《庄子》，你觉得自己从中学到了什么？在以后的学习和生活中你又会如何去做？

图书在版编目(CIP)数据

庄子故事 / (战国)庄周著；段亚青改写. —南京：
南京大学出版社，2015.1(2016.1 重印)
（新课标经典名著：学生版）
ISBN 978 - 7 - 305 - 14296 - 3

Ⅰ. ①庄…　Ⅱ. ①庄…　②段…　Ⅲ. ①庄周(前 369～
前 286)－哲学思想－青少年读物　Ⅳ. ①B223.5 - 49

中国版本图书馆 CIP 数据核字(2014)第 267392 号

出版发行　南京大学出版社
社　　　址　南京市汉口路 22 号　　邮　编　210093
出 版 人　金鑫荣

丛 书 名　新课标经典名著·学生版
书　　　名　《庄子》故事
著　　　者　(战国)庄周
改　　　写　段亚青
责任编辑　徐　斌

照　　　排　江苏南大印刷厂
印　　　刷　北京中印联印务有限公司
开　　　本　880×1230　1/32　印张 10.875　字数 190 千
版　　　次　2015 年 1 月第 1 版　　2016 年 1 月第 2 次印刷
ISBN　978 - 7 - 305 - 14296 - 3
定　　　价　22.00 元

网　　　址：http://www.njupco.com
官方微博：http://weibo.com/njupco
官方微信号：njupress
销售咨询热线：(025)83594756